教练的应用被越来越多的企业认识和认
但是教练怎么做、谁来做？

U0453913

教练技艺
与实践

激发个人潜力，成就组织卓越

刘抒珍 —— 著

知识产权出版社

全国百佳图书出版单位

图书在版编目（CIP）数据

教练技艺与实践：激发个人潜力，成就组织卓越 / 刘抒珍著.

— 北京：知识产权出版社, 2019.6

ISBN 978-7-5130-6173-5

Ⅰ . ①教… Ⅱ . ①刘… Ⅲ . ①组织管理学 – 通俗读物

Ⅳ . ①C936-49

中国版本图书馆 CIP 数据核字（2019）第 054127 号

内容提要

在当代复杂的市场变化，竞争日渐激烈的环境中，如何运用有限的资源产出更大的价值，激发释放员工的潜能是组织成功的关键因素。本书论述了在组织情境中，如何通过有效对话来激发他人潜力从而达成更为卓越的结果，本书包含了一系列作者多年实践运用的教练方法、实践体会及相关工具及典型案例，为业务管理者、人力资源及教练从业者提供一个全面的工具包。

责任编辑：龚　卫　　　　　　　　　　　责任印制：刘译文

封面设计：张　冀

教练技艺与实践——激发个人潜力，成就组织卓越

JIAOLIANJIYI YU SHIJIAN——JIFA GEREN QIANLI，CHENGJIU ZUZHI ZHUOYUE

刘抒珍　著

出版发行：知识产权出版社有限责任公司	网　　址：http://www.ipph.cn
电　　话：010-82004826	http://www.laichushu.com
社　　址：北京市海淀区气象路 50 号院	邮　　编：100081
责编电话：010-82000860 转 8120	责编邮箱：laichushu@cnipr.com
发行电话：010-82000860 转 8101	发行传真：010-82000893
印　　刷：三河市国英印务有限公司	经　　销：各大网上书店、新华书店及相关专业书店
开　　本：720mm×1000mm　1/16	印　　张：17.75
版　　次：2019 年 6 月第 1 版	印　　次：2019 年 6 月第 1 次印刷
字　　数：266 千字	定　　价：70.00 元

ISBN 978-7-5130-6173-5

出版权专有　　侵权必究

如有印装质量问题，本社负责调换。

　　"教练"一词在不同行业的组织中越来越被大家认知,出现了"高管教练""领导力教练""职业生涯教练""绩效教练""团队教练"等,越来越多的企业正在通过教练的方式提升其效能和员工的敬业度及满意度,进而提升企业的核心竞争力。这与当代企业所处环境及发展需求是分不开的。现代企业多处于快速发展变化的环境中,VUCA(Volatility 不稳定性,Uncertainty 不确定性,Complexity 复杂性,Ambiguity 模糊性) 被用来描述我们所处的环境情形和面临的挑战,企业的管理者也越来越难以对未来有一个准确的预测并胸有成竹;在这种复杂的市场变化,竞争日渐激烈的环境中,如何运用有限的资源产出更大的价值,各个组织都在寻找自己的潜在价值,而挖掘、释放员工的价值储备将是组织成功的关键因素。

　　本书总结了笔者近十几年来为不同组织的管理者提供教练的经历和实践,借鉴了不同教练体系的理论、原则和工具,聚焦于组织中的具体问题及情境,专注于教练的技能、工具的应用并结合个人的实践、案例及思考。内容包括五大部分:

第一部分为基本概论，作为教练从业者或组织的管理者为他人提供教练辅导支持，要知其然，更要知其所以然，本部分主要对教练的理论、心理学基础，教练需要的能力及教练促进改变的机制等进行了阐述。

第二部分为教练的方法、工具和流程，不同的教练，不同的目的或情境，流程方式也有差异，这里总结的是笔者实践中有效的、常用的工具及运用的方式和要点。

第三部分为教练的对话技艺及对话类型，在教练辅导的技艺中，提问是最关键的，也是教练需要不断提升修炼的核心能力。这部分阐述了提问成功的要点及提问的参考框架，提出有效的问题需要跟随教练对象，与其共舞，但根据个人的经历和体会，对于初入教练行业的从业者和组织的管理者来说，参考框架还是必要且有帮助的。本书总结了一些常用框架模型，如逻辑层次模型，视角转换模型，GROW 模型等，基于模型，本部分也提供了相应提问清单及应用教练案例。在该部分还提供了笔者教练过程常见的情境对话案例，如问题解决对话，行为改变对话，绩效对话，情感管理对话，变革管理，人际协作，角色转换，全局 / 战略思维对话及案例等。

第四部分内容为团体教练，团体教练也是近年来很多组织采用的促进人才发展及推动组织变革的有效方式，是教练的技能和方式在团体情境中的应用。本书将团体教练分为团队教练及小组教练，在两种不同的情境中从方法、流程及教练成功的要点方面进行阐述。

第五部分为职业发展教练，即教练技艺在职业发展情境中的应用，同时，职业发展教练还需了解掌握职业发展的原则、方法和成功要素，因此，本书在这部分首先阐述了职业发展的理念、原则和方法论，职业发展的成功要素——GROWUP；然后分享了组织中职业发展教练的主要情境、对话模型及案例；最后笔者也针对职业发展的常见问题提供了一些个人的参考思路和见解。

本书内容涵盖面较广，从教练的理论、能力、流程、工具及不同的教练辅导情境，提供了相关的工具、模型、有效问题实例等，主要聚焦于在为组织环境中提供教练实践过程的参考及运用的总结分享。但在教练领域，远非仅限于此，当前在中国的教练市场上，有不同体系的教练认证培训，各有其专业系统性，所提供的工具方法也有所差异和侧重，笔者也向各家学习，吸取不同的精华，运用其助力于组织管理者提升的实践中。专业教练技术在不断的扩展、细分，教练方式的运用上也在不断的进化和成长，书中提供的方法和思路不是标准答案，也不是唯一的方式，分享的观点更不是结论，如果您是在教练行业中不断成长的专业人士，希望本书对您有一些参考；如果您是组织的管理者，在成长为教练式领导者的路上，希望本书是您的一个工具箱，助力于您成为更优秀的领导者。

目
录

第一部分　导　论

第三部分　教练对话技艺及类型

第四部分　团体教练

第五部分　职业发展教练

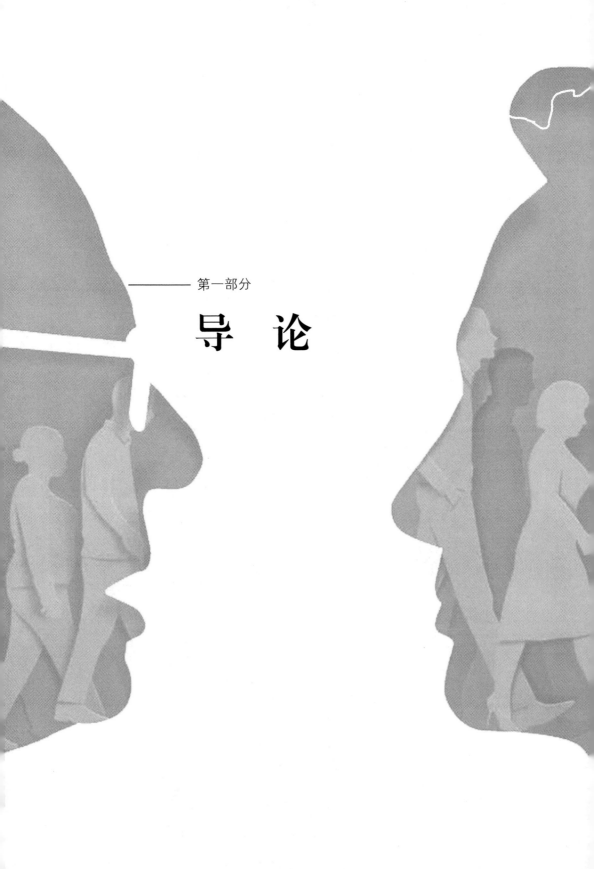

——— 第一部分

导　论

教练技术
理论基础

博学之，审问之，慎思之，明辨之，笃行之。

——《中庸》

"教练"这个词在不同行业的组织中越来越广为人知，出现了"高管教练""领导力教练""职业生涯教练"生活教练""绩效教练"，等等。越来越多的企业正在通过教练的方式，提升组织效能及员工的敬业度和满意度，进而提升组织的核心竞争力。

国际教练联合会（ICF）调查统计显示，全球教练产业正以每年2~3倍的速度增长，特别是近10年来，教练一词在中国火起来，若干国际教练公司在中国开设教练培训班，很多人员接受ICF认证培训，取得专业认证的人数正在迅速增加。据2010年中国教练调查问卷数据显示，在参与调查的组织中，有62%的组织实施教练项目。教练的方式已经越来越多应用于组织作为管理和领导的重要方式，很多组织也在打造教练型文化，这与中国快速发展变化的组织和市场环境是分不开的，也与当代组织所处环境及发展需求分不开的。现代的组织多处于快速发展变化的环境中，VUCA（Volatility 不稳定性，Uncertainty 不确定性，Complexity 复杂性，

Ambiguity 模糊性）被用来描述我们所处的环境情形和面临的挑战，组织的管理者也越来越难对未来有一个准确的预测；身处这种复杂的市场变化，竞争日渐激烈的环境中，如何运用有限的资源产出更大的价值，各个组织都在寻找自己的潜在资源，而挖掘释放员工的价值储备将是组织成功的关键因素。

在与不同组织的领导者交流中，他们经常会问道：

（1）我们怎样才能更加灵活、快速回应市场的变化？

（2）如何提升员工和管理者应对变化的能力？

（3）如何更有效地挖掘、释放员工的潜力，提升组织的创新能力？

（4）如何更有效领导新生代员工，提高他们的积极性？

（5）员工的敬业度 / 投入度不高怎么办？

（6）如何提升管理者的领导力 / 影响力？

（7）组织如何更好支持员工的职业发展？

（8）我们做了很多培训，如何更好地帮助管理者学以致用，对组织业务和发展带来积极影响？

这些问题困扰着很多组织的管理者，因为它没有简单明确的答案，这需要管理者的管理思维和行为在新的环境中有突破性的变化。

澳大利亚领导力发展中心的创始人泰瑞·李（Terry Lee）在他的《突破型领导力》中谈到，在这种复杂的市场变化环境中，如何有效激发员工潜力、释放其价值储备。其关键的钥匙就是：提升每一位员工面对新任务的自信、快速培养员工的能力、提升员工面对挑战、愿意迈出舒适圈的勇气、增强员工的信念。"教练"作为帮助员工、管理者不断走向卓越的思维和行为方式，正在为当代快速发展变化的组织带来重要的贡献。

第一节
组 织 教 练 定 义

一、什么是教练

　　教练的定义有很多，国际教练联合会（ICF）的定义为："'教练'是一种与被教练者持续合作的伙伴关系，在这个过程中，通过引发客户深思和激发对方的创造性，使其在个人生活和工作专业领域能够最大限度地发挥其潜能，帮助被教练者在职业发展、管理、经营及组织方面产出期望结果，通过教练的过程，被教练者深化了学习，提升了绩效及其生活的品质。"心理学家、领导力教练大卫·皮特森（David Peterson）和玛丽（Mary Dee Hicks）认为"教练是一门管理的艺术与科学，是一个通过不断沟通、反馈、指导以及支持以提升员工对组织贡献的互动合作过程，教练过程是一个以结果/目标为导向的系统性过程认知，引导员工自我学习和成长并提升绩效。"在中国，从业者们对教练的定义认知也有不同，这可能主要受个人接受的教练培训体系，背景和专业知识的影响。而对"教练"专业的深入了解和实践的体会对形成一个普遍性的定义会更有帮助。

二、教练技术的来源

　　谈到教练技术，大家很容易想到体育教练，组织中的教练技术的确是从体育界发展过来的。在20世纪70年代，美国网球教练添·高威（Timothy Gallwey）在运动场上尝试一种不同的教练技术，他发现，一方面每一个找他来上课的人都是非常努力地想改掉一些自己不喜欢的方面，并期望他能针对这个问题提供灵丹妙药。另一方面当练习者停止非常执着地努力纠错，而是相信自己的能力并可以从自己的经验中学习时，改变提升就发生了。

　　基于在运动场上的发现，高威曾著有《网球的内在诀窍》和《工作的内在诀窍》等著作，被企业誉为现代企业教练的先驱。基于其个人发现，高威总结认为：改变和成就卓越基于两方面，即内在游戏和外在游戏。外在游戏包括自己的做法和行为，或组织在战略、服务、技术、能力及绩效等方面与竞争对手的游戏等。很多时候，内在游戏指自己对外在我的判断、命令和要求，不相信外在的我，应用过去所学的知识、经验等教导试图控制外在的我，等等，这都局限了外在的我的发挥和成长，而当内在的我相信外在的我时，外在的我会有更好的表现。高威认为影响外在我表现的主要因素有3个方面。

1. 自我意识（Awareness）

清晰客观的厘清现状而不是评判，了解真正发生了什么？对自我现状及环境有清晰的画面，这可以通过测评工具及自我反思来探索。

2. 信任（Trust）

相信自己，相信自己拥有的内在资源和能力可以支持自己的改变和提升。教练过程中可应用一些问题帮助客户更为信任自己，挖掘自身的内在资源和智慧，如通过回想过去遇到过类似的挑战，你成功面对并解决了问题，那是在什么时候，什么情境，什么样的能力和特质让你成功了。

3. 选择（Choice）

学习者拥有自己的选择、目标和期望达成的结果。教练的技艺之一就是能够让学习者产生内在真正的认可，自我驱动期望的方向和目标。如你真正想要的是什么；你最想取得的成果是什么；取得成果后给你带来的益处是什么，成本是什么；展望未来3~6个月，你希望有怎样的变化；这些成功的进展对你意味着什么；为了达成期望的结果，你最想采取的行动是什么？

高威在运动项目上的教练技术运用成果，对教练技术在组织管理、生活、职业发展方面的应用有着巨大的贡献。

三、组织中的教练

教练是基于教练与被辅导者双方的信任关系，给被辅导者一个安全、支持性的环境，在其中排练雕琢他们的想法，教练成功与否信任关系是关键。

教练是一种深度的结构化对话，赋予被辅导者反思、对话的机会来帮助其清晰梦想和目标，化解内外在的限制，探索实现目标的可能策略和行动，教练关注被辅导者的目标和成就，是连接其梦想和现实的桥梁。

教练是提升被辅导者的自我觉察认知，激发内在力量，做过去不习惯做的，帮助其成为想成为的那个人。阻碍他人转变达成目标的因素之一往往就是习惯，日积月累的习惯反映了某种价值观，随着时间的推移，这种习惯已不再支持自己追求的目标，而教练就是要挑战让被辅导者回到老路上的习惯，让他看清自己所在的道路，探索存在的各种选择并帮他走上新路，支持他在改变的过程中坚持下去。如挑战你的限制性信念，强化正面信念，明确你的价值观并体现在实现目标过程中。

教练是帮助被辅导者在他认为有问题的处境中，形成新的观察、感受和行为方式。当被辅导者发现自己的意图和行为不一致时，教练效果就产生了，管理者需要了解自己的个人倾向及给他人留下的印象。

教练是帮助被辅导者挖掘自身的潜能，并创造承诺达成目标的一个过程，是帮助对方在原有的表现水平上突破，教练不一定在自己心中有一个决定性的方向和结果，而是激发客户自己发现和自愿去学习。

四、教练与导师

在笔者过去的教练课程中，经常被问到"教练"（Coach）和"导师"（Mentor）的区别，两者可以从角色、过程和方法上加以区分。

1. 教练（Coach）

教练可以是内 / 外部教练，不一定需要在相关职能领域具有高的经验或知识；是基于信任关系，通过启发和引导，帮助对方在工作 / 生活方面转换视角和改变行为，达成期望目标；是支持个人发展的一种持续的合作关系，支持对方释放个人潜能以实现个人最优化的绩效，帮助对方自我学习而不是教他们。

2. 导师（Mentor）

导师通常是由在相关领域具有丰富经验、资深的人士担任，源自师徒的概念；他们通过分享自己的经验、学识和建议，帮助在特定的领域经验较少的人士提升能力，扩大人际网络等，过程中有时也像教练一样，激发被辅导人员。

在现代组织中，以教练的形式提供指导的实践正处于上升趋势。在中国的教练实践中，教练和导师很难完全区分，尤其在为组织的管理者和员工提供教练时，它是一种集教练、辅导和建议为一体的工作模式。调查发现，在组织中教练被认为是一个值得尊敬的长者或老师，教练的角色经常被期望分享他的洞见和智慧；被辅导者经常期望教练针对他们遇到的问题提出建议和解决方案，教练的方式是通过提问来引导和启发被辅导者。

第二节

心理学与教练技术

教练学根植于哲学、心理学、管理学等基础学科，下面简单介绍对教练技术有重要贡献的心理学基础。心理学的研究和理论特性为教练学知识库增添了宝贵的信息，教练学几乎涉及心理学的所有分支，基于系统的方法和询问方式，是一种目标明确，以人为中心，专注于问题的分支学科，它的本质是人本主义，催眠疗法之父艾里克森的研究方法基于询问而非解答，这对教练方法和基本原则有很大的影响。下面介绍的心理学派对教练技术影响显著。

一、人本主义心理学

身为人本主义心理学中流砥柱的马斯洛在其影响深远的巨著《动机与人格》（*Motivation and Personality*）中提出了需求五层次理论。只要对管理学和心理学稍有接触的人都知道该理论，即生理、安全、爱与归属、受尊重、自我实现。需求层次理论是解释人格的重要理论，也是解释动机的重要理论。马斯洛提出个体成长的内在动力是动机（Motivation）。而动机是由多种不同层次与性质的需求（Need）所组成的，各种需求间有高低层次与顺序之分，每个层次的需求与满足的程度，将决定个体的人格发展境界。他先是将需要区分为缺失性的和成长性的，前四种（生理，安全，爱与归属和受尊重）是缺失性的，缺失性需要起源于实际的或感知到的环境或自我的缺乏，个体会努力从环境中寻求能使其需要得以满足的东西，无论是物质上的、人际关系的还是社会地位的。这些需要的满足，完全依赖于外界。而第五种自我实现则是成长性的，成长性动机就是被自我实现的趋向所激发的动机。

管理学家麦格雷戈根据马斯洛早期的需要五层次理论，将管理理论区分为 X 理论和 Y 理论。X 理论为传统管理学理论，这种理论假设人们工作是受生理和安全需要的驱使，工作只是满足低层次需要的手段，人在本性上是厌恶工作的，因此管理者对员工必须采取指导、控制、逼迫，甚至惩罚的方式。麦格雷戈提出自己管理学说理论，称为 Y 理论，作为 Y 理论基础的是马斯洛需要层次中的爱与归属的需要、受尊重的需要和自我实现的需要。作为教练的实践者们可以感受到，Y 理论是教练的核心信念和基础。

马斯洛晚年时意识到在描述人的需求本质时，需求层次设置上的不足，他反省多年发展出来的需求理论，并增加了第六个需求层次，马斯洛一开始很赞赏麦格雷戈的理论，但随着超越自我实现的思想的形成，他就感到这种理论的不足，从而提出了 Z 理论。Z 理论是在 X 理论和 Y 理论的基础上，强调超越性需要。基于这种需要的管理就要考虑到超个人的价值、存在价值或宇宙价值的激励作用，假设人具有为比自我更大的目标有贡献的需要和自我奉献的精神，超越小我，为他人、环境和社会贡献的内在动力。

在工商管理中，X理论水平上的管理是权力取向的，雇员为挣工资而做被分派的工作。Y理论水平上的管理则是相互尊重的，雇员有权尽可能充分地参与组织的管理，权威被假定存在于每个人的内部。Z理论层面上的管理假设是雇员热心服务他人，业务的目的是尽可能地服务客户或消费者。马斯洛在《存在心理学探索》指出，有超越性体验的自我实现者与没有超越性体验的自我实现者相比，其潜能的发挥更加充分，其自我实现的程度更高。在教练的实践中，相信并探索和发挥每一个被辅导者的潜能也是教练们的重要宗旨。

在笔者多年的领导力发展实践中感受到，有些高层管理者非常有行业和管理经验，但在组织的快速发展变化过程中却遇到瓶颈，特别是当组织经历变革时，人际信任降低，冲突增多，过于担心个人利益受到影响，因利益、权力等方面的因素会直接影响自己的行为和做出是否有利于组织的短期和长期目标决策。教练过程中需要支持管理者探索其自我实现的需求和动力，超越依赖于外界的满足，连接其自我的使命感和责任感。在研究中，马斯洛发现真正达到自我实现的人，要形成稳定的价值观、智慧、意志力及明确选择自己要为之终生奋斗的事业非常重要，同时每个人都具有极大的发展潜力，他们通过积极努力，是可以逐渐接近这一水平或目标的，他们的工作、生活环境将会因他们的改变而发生不同。

二、人格分析心理学

人格分析心理学的代表人物卡尔·荣格（Carl Gustav Jung，1875～1961）是瑞士心理学家。他1907年开始与弗洛伊德合作，发展及推广精神分析学说长达6年之久，后创立了荣格人格分析心理学理论。

首先，荣格把人的态度分为内倾和外倾两种类型。内倾型人的心理能量指向内部，易产生内心体验和幻想，这种人倾向远离外部世界，对事物的本质和活动的结果感兴趣。外倾型人的心理能量指向外部，易倾向客观事物。这种人喜欢社交、对外部世界的各种具体事物感兴趣。

其次，荣格认为人有四种功能类型，即思维、情感、感觉和直觉。感觉是用感官觉察事物是否存在；情感是对事物的好恶倾向；思维是对事物是什么做出判断和推理；直觉是对事物的变化发展的预感，无需解释和推论。荣格认为人们在思维和情感时要运用理性判断，所以它们属于理性功能；而在感觉和直觉时没有运用理性判断，所以它们属于非理性功能。他所提出的"内倾—外倾"的划分方法为大多数心理学家所接受，至今仍是划分人格的主要依据之一。它决定着人对现实的态度、趋向和积极性，并制约着人的个性心理特征的形成和发展。

在当今的教练实践中，很多的个性测评工具应用普遍，如基于人格心理学基础的 MBTI，Hogan 领导潜质测评等，这些工具主要用于自我认知，了解个性及行为偏好和倾向，这种无意识的倾向偏好给他人、组织及个人的职业发展带来影响。自我认知是行为改变的基础。

三、行为主义心理学

行为主义心理学的代表人物斯金纳（Skinner），他把行为分成两类：一类是应答性行为，这是由已知的刺激引起的反应；另一类是操作性行为，是有机体自身发出的反应，与任何已知刺激物无关。与这两类行为相应，斯金纳把条件反射也分为两类，与应答性行为相应的是应答性反射，称为 S（刺激）型（Stimulation）。与操作性行为相应的是操作性反射，称为 R（反应）型（Reaction）。斯金纳认为，人类行为主要是由操作性反射构成的操作性行为，操作性行为是作用于环境而产生结果的行为。在学习情境中，操作性行为更有代表性。斯金纳很重视 R 型条件反射，因为这种反射可以塑造新行为，在学习过程中尤为重要。斯金纳认为，人的一切行为几乎都是操作性强化的结果，人们有可能通过强化作用的影响去改变别人的反应。在教练过程中对被辅导者的反馈、认可强化是帮助对方提升转变的关键教练技能。

四、学习心理学

卡尔·罗杰斯（Carl Ransom Rogers），美国心理学家，人本主义心理学的主要代表人物之一，从事心理咨询和治疗的实践与研究。他主张，在一个人的学习过程中，以突出学习者的中心地位为核心，人的本性是倾向于创造，具有建设性，以及需要与其他人建立密切的个人关系的；人的最深层次里"潜伏着积极的方向"，只要后天环境适当，就会自然地成长。他同时强调，人是不可分割的整体，心理学研究必须以全人（the whole person）为对象。《高效人士的七个习惯》的作者史蒂芬·柯维（Steven Covey）借鉴罗杰斯的理论提倡"全人思维"；共创式教练方法也强调"全人式"教练方法。罗杰斯以"实现趋向"（Actualizing Tendency）来定义人的本性。实现趋向是存在于每一生命体身上的追求自身潜能最大化、追求生存状态最优化的内在动机，是人的需要、创造性、追求快乐等的原动力。"每个有机体都有一种保持自己，如有可能的话增强自己，最终要突破再生自己的趋向。"罗杰斯还提出意义学习，这种学习源于个体的内在需要，具有个人意义，是全人的学习。意义学习主要包括以下要素：

（1）学习具有全人投入参与（Personal Involvement）的性质，是左右脑参与，学习者的情感与认知共同投入学习活动，学习过程中重视情感、体验。

（2）学习是自我发起的（Self-initiated），学习者具有内在的学习兴趣，这种内在兴趣是最重要的学习动力，"即使激发或者刺激来自外部，那种发现的感觉，达成的感觉，掌握和理解的感觉，却是发自个人内心"。

（3）学习是渗透性的（Pervasive），学习者所学的不是固定的、不是他人授予的客观知识，而是溶入个体情感、体悟的、真切的、全新的对个人有意义的知识，当学习到的东西成为人格结构的一部分，它才会使学习者的行为、态度发生变化。学习是由学习者自我评价的（evaluated by the learner），因为学习者最清楚这种学习是否满足自己的需要，是否有助于得知他想要知道的东西，是否明了自己原来不甚清楚的某些方面，学习者真正学会对自己及自己发展方向负责任。

罗杰斯指出，"我相信唯一能影响个人行为的知识，是他自己发现和化为己有的知识"，强调学习者处于中心位置。因而研究者把罗杰斯提倡的教学模式称为学习者中心教学，或非指导性教学。罗杰斯认为，在合适的条件下，每个人所具有的学习、发现、丰富知识与经验的潜能和愿望都是能够释放出来的，同时有效的学习环境十分重要，真诚、关切、理解、支持、鼓励等，对学习者非常关键，威胁的环境会阻碍学习。人的行为，不是外在刺激引起或决定的，而是发自内在，出于本人情感、意愿所做出的自主性与综合性的选择。罗杰斯认为要想让学习者做自我负责的人，就必须让他们面对真实的问题，从学习者中间发掘出现实的问题，从而提供解决真实问题的情境。

看到这里，各位教练从业者会感受到，罗杰斯的学习心理学原则对教练方法影响至深，可以说是教练的核心理论的基础。在教练实践中，双方的信任关系是非常重要的要素，教练要深信被辅导者的潜在能力和智慧，由其自我设定目标、承担责任，探索达成结果的策略和行动。

五、积极心理学

积极心理学代表人物马丁·塞利格曼（Martin E.P. Seligman），美国心理学家，曾获美国应用与预防心理学会的荣誉奖章，终身成就奖。他于 1998 年提出积极心理学（Positive Psychology）这一新兴心理学概念，目的是研究如何生活得快乐、成功与有意义。塞利格曼在《真实的快乐》（*Authentic Happiness*）一书中指出，快乐是由三项要素构成：享乐（兴高采烈的笑脸）、参与（对家庭、工作、爱情与嗜好的投入程度）、意义（发挥个人长处，达到比个人更大的目标）。这三项要素之中，享乐带来的快乐最为短暂。塞利格曼说："这一点值得大家注意，因为有太多人以追求享乐为生活的目的，但是参与和意义却远比享乐重要。"在《持续的幸福》一书中，塞利格曼不再关注传统心理学注重的"如何减轻人们的痛苦"，而是专注于如何建立人们的幸福感，并让幸福感持续下去。《持续的幸福》这本书中的幸福理念是在《真实的快乐》一书的基础上扩充而来的，在书中，塞利格曼具体阐释了构建幸福的具体方法。他提出，实现幸福人生应具有五个元素（PERMA），即积极的情绪（positive emotion）、投入（engagement）、良好的人际关系（relationships）、做的事有意义和目的（meaning and purpose）、成就感（accomplishment）。PERMA 不仅能帮助人们笑得更多，感到更满意、满足，还能带来更好的生产力、更多的健康，以及一个和平的世界。积极心理学的核心是从业者将关注点从问题、痛苦转移到力量、愿景和梦想；要求注意对方的整体性，点燃希望并帮助他建立对未来的憧憬。卡尔·考夫曼（Carol Kauffman）指出，积极心理学理论与研究为教练领域的傲然挺立提供科学支撑。

六、社会心理学

库尔特·勒温（Kurt Lewin）作为社会心理学的研究者，主要研究个体与其生活或工作环境的关系，他提出场理论，开辟了组织的力场分析理论，将影响结果和改变的各种力量划分为"推动实现目标的力量（有益的力量）"和"阻碍实现目标的力量"；勒温认为需要充分认识组织中的各种力量，否则几乎无法实现改变。场理论不关注个人，而是更注意个人现实改变的社会环境和压力。著名高管教练马歇尔·戈德史密斯（Marshall Goldsmith）在教练过程中，非常关注让被辅导者的利益相关方参与其中，他在长期的教练过程中也发现，真正促成领导者行为改变的关键变量不是教练，而是被辅导者本人和他们的同事，他会花大部分时间在被辅导者的周围利益关系人身上，帮助被辅导者从他们周围的利益关系人身上学习。戈德史密斯运用以下方法让利益关系人参与进来。

（1）被辅导者与其利益相关方开放分享自己希望改变的方面，同样利益相关方也需提出期望被辅导者需要改变的方面，双方双向沟通并达成共识。

（2）前馈法：过去的事情已经过去，而需聚焦到可以变得更好的未来。利益关系人可以通过前馈法（针对具体问题或期望改变的行为给出建议，帮助被辅导者提高而不是反馈）。

（3）给予帮助和支持：在被辅导者改变的过程中，需要机会及遇到问题时的支持和帮助，因此帮助被辅导者争取周围人的支持。

在笔者的教练实践中，社会心理学理论运用广泛，特别是教练开始阶段，邀请被辅导者、其上级主管、人力资源部管理者等相关方参与三方/四方会谈，创造环境，让被辅导者及其重要利益关系人相互开放分享，认可成绩，并就需要发展改变的关键领域达成共识。这对被辅导者的自我认知，改变的动力及改进的有效性非常有帮助。

第三节
王阳明心学思想与教练

笔者以为，中国哲学思想与教练的理念在某些方面是相通的，笔者对中国的儒道文化，虽是一知半解，但颇为喜欢，认为我国明代儒家集大成者王阳明先生的心学思想与教练理念相通。王阳明先生精通儒、释、道且能统军征战，他被后人尊为"立德、立功、立言"三不朽的圣人。王阳明心学的核心思想为心即理，知行合一，致良知。

一、心即理

王阳明在龙场悟道所得：圣人之心，吾性自足，向之求理于事事物物者非也，即心即理。他认为天地万物为一体并举例：当我们看到一个小孩要掉到井里时，必会本能自然生出同情和害怕之心，当我们看到飞禽走兽发出悲哀的鸣叫时，也会不忍听闻或观看，当我们看到花草树木被践踏时，也会产生怜悯体恤之情，我们内在的心与对方是一体的。心与天地一体，心与自然一体，"道心"是天道在人心的充分体现，是天植灵根，也就是后来他提到的"良知"，良知是人人本有。孟子也讲："人之所不学而能者，其良能也；所不虑而知者，其良知也。"王阳明先生认为心就是生命的本源，是让我们视、听、言、动的根本，是本心。这本心本是光明，理就在内心，无须外求。向外寻理，终是无源之水，无根之木。孟子讲，人有四端之心，恻隐之心，辞让之心，羞恶之心和是非之心，均为人之本性。一个人成长的过程即是将本心、本性发展阔而充之。王阳明将心与太阳相比，就如太阳自然发光，只有受到遮蔽才会变暗。"日之体本无不明，故谓之大明；有时而不明者，入于地，则不明矣。心之德本无不明，故谓之明德，有时而不明者，蔽于私，无不明矣"。此心无私欲之蔽，即是天理。其悟到，每一个人心中都有一个圣人，而有些人是因为恶习，过度的欲望将本有圣人之心、圣人之性遮蔽埋没，就像太阳，本来是明亮的，有时看不到了是因为地球运转被遮蔽了，太阳本还是明亮的。相信每一个人的本心、本性是光明的，不依其行为而泯灭。所以王阳明提出"致良知"的重要思想。"致"的功夫其实就是发现本心，体悟良知的过程。

作为教练，重要的信念是要相信人的本性是灵活且有创造力的，存在无限可能，不管当下行为表现怎样，看到相信对方积极的意图和内心的光明，与对方共同探索，在心上做功夫，唤醒内在的光明，转换思维和视角，释放创造力，成就更为卓越的自己。

二、知行合一

王阳明的良知思想影响深远，良知即明明德，是理性本体，能辨明是非善恶，是源于天道，自我澄明。良知虽人人皆有，却有不同。"圣人之知，如青天之日；贤人之知，如浮云天日；愚人之知，如阴霾天日，虽有昏明不同，其能辨黑白则一。"人的良知是生而有之，但非生而知之，是长而知之。良知在人，不能泯灭。良知人人皆有，圣人只是保全无所遮蔽。在日常生活工作中，发现并依良知行事即行良知，因此王阳明先生提出"知行合一"。他说，"世间有两种人，或是不解思维即任意去做，或是悬空思索不肯躬行"。王阳明先生看到了存在的关键问题，有些人把知行当成两回事，所以产生了一个恶念，虽未去做，也不去禁止，因此强调"一念发动处便是行"。善念发动时，保持它，恶念发动时，祛除它，在心上、念上做功夫。王阳明认为心是理智与意志的主宰，而心的发动既是意念，即"身之主宰即是心，意之所动便是物"，心为身之主，身心不可分，无心则无身。无身则无心。人须在心体上用功，凡明不得，行不去，须反在自心体上体当，即可通。

在教练过程中，探索发现内在的潜力、智慧非常重要，如果没有在环境中展现、体现出来的话，也不会带来积极的影响。王阳明先生讲"知是行的主意，行是知的功夫。知是行之始，行是知之成"。我们经常讲知易行难，不能行是没有真正的知，"知之真切笃实处，既是行，行之明觉精察处，即是知"。知行合一也需要在日常生活中磨炼，觉察自己的习性，行不得，首要在"知"上做功夫，真正体会知行本为合一。

三、致良知

良知为每一个人的"胸中圣人"，是人心的名师，它会指引我们的行动。而现实中，我们经常没有向它请教，甚至忽视它，没有把自身本来的存在性表现出来、体现出来，似乎良知就不清晰了，这是良知被遮蔽了。致良知即将本自光明的良知展现出来。致良知似磨镜，镜若不明，则比"妄心"。"磨镜"可比致良知之功夫。

致良知即反身而诚，求诸己。致良知即是为善去恶也，就是在所有的内心选择和行事上，恢复其本性之善，本性之光明。王阳明说，要致良知，必先"信良知"。若信得良知，致良知此学的确简易。如果我们相信那个良知才是真实的自我，我们不能生活在虚妄之中，把属于自我的真己，真实地体现出来，那才是生命的真实表达。而发现并让良知觉醒，就是对自己的行为反思反省，反求诸己，反身而诚。通过反思来纠正我们的偏差，基于良知的准则，在事上磨炼。

致良知就是除去过度私欲障碍，复其本体。"千思万虑，只是要致良知，良知愈思愈精明，若不精思，漫然虽事应去，良知便粗了。致良知于事事物物也，则事事物物皆得天理"。致良知就是明明德，而致良知的第一步就是知道、觉察我们的良知，这个中正，明镜般的胸中圣人真实地呈现在我们心里，当我们面对外界事物的时候，良知才可能体现出来，与事物、人物打交道时，没有丝毫偏见，尽自己的能力，全心全意把事物原有的状态还原出来，这就是致良知。王阳明说"致良知是从喜怒哀乐未发之中上养来"。《中庸》讲，"喜怒哀乐之未发，谓之中。发而皆中节，谓之和"。喜怒哀乐是人之常情，人的一切行为，都出于情，而情是性的表现。人与外界相接触时，性即表现为喜怒哀乐之情。喜怒哀乐之未发指人的性情在未与外界接触之时，是自然本性，无过无不及，是"中正"的状态。这种"中正"的状态使得人们表现其喜怒哀乐之情时能够恰到好处、恰如其分，即"和"的结果。修炼这种"中""和"的状态和行为就是致良知，这生而有之的良知，需要不断地在做事的过程中磨炼、展现，如同树的萌芽，还需要灌溉和培养，才会成长。王阳明先生的四句教其中"知善知恶是良知，为善去恶是格物"，这里的为善不是当今道德意义上的善，是大中致正的意思。

至此，笔者内心感到非常喜悦：教练的过程一定程度上不就是致良知的过程吗？不就是格物的过程？不就是支持被辅导者知行合一的过程吗？这也就是作为教练的信念——坚定的信念。我们是否相信被辅导者是有资源的，是否相信对方是富有其优秀品质的，是否相信并看到他／她是富有潜力可以应对外界环境的挑战的。当我们真的相信对方，才能帮助对方自己看到，感觉到其内在的优秀品质和潜力资源，通过环境的挑战在事上磨炼，将被辅导者的优秀品质和潜力展现出来，阔而充之，逐渐去除遮蔽，知行合一，更有效地应对环境中的人、事挑战。下面是笔者的一个教练实践体会。

笔者的一个合作伙伴，是医药行业职能部门的老总，负责中国区的业务。对他来说，行业、专业经验、工作业务本身不是问题，而与其中一个重要利益关系部门的信任与合作出现问题，这直接影响其团队的工作效能，让他十分头痛。在互相探讨过程中，共同探索挖掘他拥有的优秀品质［真诚、开放分享、大局观强（组织利益更重要）、追求卓越］，他的优势能力是主动性强，灵活且富有创造力。可见他的特质潜力足以帮助他解决遇到的困惑。而现实中，由于双方的风格和做事方式的差异，及对对方的内心假设等阻碍了他优势和品质的发挥。我们教练的重点就是如何去掉障碍，让他的优秀品质、能力和潜力在与利益关系人沟通合作过程中体现、展现出来，达成期望的协作目标。结果该管理者后来看待重要利益关系人的视角不一样了，更能从全局的角度去理解，也更主动地与他人沟通并形成信任的关系。笔者在辅导的过程无需给予建议，无须纠偏，客户自身具足的特质帮助他成为更优秀的领导者。

王阳明也讲"立志用功，如种树然，方其根芽，犹未有干，及其有干，尚未有枝。枝而后叶，叶而后花、实。初种根时，只管栽培灌溉，勿做枝想，勿做叶想，勿做实想，悬想何益？但不忘栽培之功，怕没有枝叶花实？"这也就是教练与被辅导者合作实现目标的过程，设定目标，在成就目标的重要成功因素上着力，不能急功近利，急于求成，万事有规律，在事上下功夫，怎怕没有结果。

第二章

教练对现代组织的意义

反身而诚，乐莫大焉。

——《孟子》

现代组织处于快速发展变化的环境中，近两年，VUCA（Volatility，Uncertainty，Complexity，Ambiguity）被用来描述我们所处的环境情形和面临的挑战，组织既要有长远战略规划，又要有灵活应对环境及快速反应的能力，既要制定目标和规划，同时需要依据环境的变化不断调整。作为人才发展领域的从业者，笔者发现组织越来越少执着于制定非常细化的领导能力模型，因为战略目标和规划在不断调整，各级管理者需要不同的能力。这听起来一切都在变，模糊、不确定，而事物的本质、发展规律或者说"道"是不变的，了解、感知、总结规律将有利于我们面对外部不确定的环境挑战，也就是"以不变应万变"。教练旨在帮助他人从过去的成绩和实践中总结规律，开放地面对未来，觉察个人不宜于未来发展的思维模式和行为模式、习惯，并勇于放下，开放地接受、感知环境的变化及客户的需求，创造和成就未来的卓越。

第一节
教 练 与 创 新

　　"创新"是一个很热的词，从国家到各个组织机构，常常提到创新，如产品创新、技术创新、服务创新、文化创新，等等，组织也更多地追求差异化的竞争战略，聆听感知并及时响应客户的需求，为客户提供体验不同的产品或服务。而创新的理念和战略需要实实在在落实到人们的行动中，这就需要组织管理结构和流程上更灵活，需要对市场环境做出快速反应；需要每一位管理者培育强化有利于创新的文化氛围，鼓励适度冒险以推动创新；需要员工的思想和行为更为开放，珍视不同的知识和想法，认知到隐藏在事物中的本质和规律，以未来为导向，探索更好的想法或解决方案。

一、环境对组织创新的影响

　　对组织而言，所处环境的改变将影响组织变革的速度，变化的环境给组织生存和发展带来挑战，使组织内部人员产生紧迫感和危机感，促使组织进行突破和创新。同时，环境、市场、客户需求的变化也会给组织带来机会，组织内部人员感知到对机会的渴望，就可能通过增强组织创新的能力来抓住机会。对于高层管理者而言，知晓、理解和计划未来在变化的环境中都不太可能，未来会自然而然呈现，认为新的想法和创新可以通过自上而下的方式进行规划而得来也是不现实的。管理层需要对外部环境的变化保持敏感，因为外部环境会影响组织，环境会带来挑战和机会；要激发组织创新能力，高层管理者更需要支持和重视，更为关注公司的长远发展而非短期成败，过于关注短期成果会带来恐惧心理，影响人们开放与创新。另外，公司资源的投入部署也是支持创新项目与否的体现。一般情况下，处于发展速度快的企业要比成熟的行业更容易创新，这是因为在变化的情况下容易产生各种各样的想法。大型企业的创新经常来自企业之外，来自规模较小的企业。

二、组织文化的影响

在组织中创建创新的文化对激发创新非常关键，很多例证显示，创新不是来自组织高层，而是来自组织的基层，一个不断变化又难以预测的环境本身就会催生各种各样的观点和创新，而一个多年固守传统的企业则难以产生新的观点和创新。

在差异化、多元化的组织环境中，人们有着不同的经历，理解问题也不尽相同，对同一件事情有着不同的想法，个体之间经历的差异越大，越有可能产生创新。而差异化的环境，潜在多种多样的创意面临着保持一致性的压力，组织文化就像是一个过滤器。如果组织文化鼓励控制、规划和评价等这些正式的程序，这将决定哪种想法可以继续，哪种想法需要被摒弃。迫于一致性的压力，一些创新的想法将被搁置。一致性是件好事，因为它便于清晰方向，统一行动，但在快速变化的环境中，一致性难以企及，多样化的思想更为重要，创新需要多样化，需要对假设的挑战和质疑。更多的差异化，多元化存在，如跨部门项目小组，更有利于促进创新的产生；但差异也会带来冲突，需要有效地管理，过多冲突反而会抑制创新，因为人们把更多的关注放在协调事物上了。

高度控制和严格等级制度的环境会促进一致性，降低多样性，特别是当管理者过于控制，官僚的领导作风会让员工产生恐惧、压力感，会抑制创新，因此分工严密和官僚的上下级控制环境不利于创新；在一个鼓励多样性、差异性和非正式人际网络的组织文化中更容易产生新想法和创意。管理者的作用不仅是尽力确定清晰的方向或是创造秩序和规则，更是对组织中出现的模式具有敏感性，更多地充当一名教练的角色来加强这种已经出现的模式，通过教练的方式鼓励员工。

（1）开放思维和心灵，放下过去的经验来评判事物和人。有时候我们的思维、习惯和经验会限制我们关注当下及其中隐藏的未来征兆的能力。

（2）观察、联想和连接的能力，通过观察，员工可从与客户、供应商和其他公司的活动中察觉到细节，这些细节能让他们发现新的做法。

（3）通过与背景各不相同的人进行交流，他们能够迅速地了解不同的视角。将事物相联系并得出新见解。

（4）发挥直觉能力，直觉能力表现为人们可以感受到环境的变化并能适当地应对变化。

创新需要的文化和氛围离不开管理者的思维和行为的转变和突破，教练帮助管理者开放思维，减少评判，看到潜力，运用参与而不是控制命令的方式，使员工在一种被信任的环境中更有可能开放，探索；针对失误和问题，反思总结，发现规律和洞见，延伸、生发更好的方式。

第二节
教练与新生代管理

在组织中，新生代的管理和投入度是近年来各个组织经常探讨的话题，据万宝盛华（Manpower）研究可知，到 2020 年，新生代将占 59% 的职场劳动力，而在 2025 年将有近 70% 的新生代在整个的劳动力群体中。未来的世界是他们的，环境塑造了他们，他们也将塑造环境。因此我们需要调整人才管理思维和策略。在多年领导力提升工作坊中发现，几乎每位管理者都会问笔者一个问题："如何对 80 后、85 后、90 后进行有效的管理？"笔者问他们："为什么感觉不好管理呢？"他们会说，这些员工不能吃苦，遇到挫折会放弃；忠诚度低，不高兴就会走人，容易跳槽，以自我为中心，挑战权威，等等。听起来都是缺点，笔者又问："他们有哪些对组织有价值的优势呢？你期望他们怎样呢？"管理者说："他们也是有优点的，但是我希望他们能踏踏实实工作，不要以自我为中心，积极投入努力达成设定的目标。"听起来期望是正当合理的，同时也听到他们似乎在说，"我希望他们像我们一样就好了"。不管我们是否愿意面对，不同年代的人在很多方面是有差异的。这些不同的特点一定程度上与其成长的环境有关，特别是中国改革开放带来的经济快速发展、物质生活的富裕，使年轻一代从小衣食无忧，内心感觉更为安全；独生子女的家庭环境使他们可能更加在乎个人的感受和期望的满足；科技互联网技术的快速发展，带给人们的工作和生活方式突破性的改变，同时也影响人际之间的情感交流，这也会影响到工作中人际协作的有效性。组织中新生代的需求和关注表现在以下方面。

（1）根据万宝盛华针对全球 1.9 万名新生代员工的研究发现，薪水高低对员工的去留是重要的，但他们也非常重视个人的专业能力发展；他们更希望拥有灵活的工作时间，为了个人的自由宁可放弃一些薪水和升职的机会。

（2）87% 的新生代员工认为职业安全是重要的，但他们重新定义了职业安全性，认为一个人的职业不是一份工作，而是旅程，在这个职业旅程中，个人需要不断提升能力来保持在市场的可雇用性和竞争力。

（3）新生代员工更为自信，62% 的研究对象认为如果失去收入来源，他们相信自己能够在 3 个月内找到相近或更好的工作。同时他们也更欠缺耐心，2/3 的人员认为在一个岗位上 2 年就可调换，1/4 的人员认为 12 个月就需要调换不同的角色或岗位。

（4）新生代员工更重视对工作的兴趣和感受，当被问到"工作不满意时，你会选择什么？"76% 的员工回答离职或创业；他们更看重工作带来的快乐并享受工作。万宝盛华在中国的研究数据显示，员工渴望自己的工作能为他人带来贡献，仅次于薪水，这意味着他们更重视工作内容的价值和意义给个人带来的成就感。

（5）新生代员工希望管理者更像伙伴，不喜欢等级观念，希望管理者了解他们的想法，给予更多的认可和鼓励。

这些与过去年代员工的差异和特点给管理者有效发挥年轻人才的能力和潜力带来挑战。如何有效地领导发挥新生代的能力优势和主观能动性呢？管理者的思维和行为的转换将是新生代有效管理的关键。教练式管理者与员工是平等伙伴关系而不是高高在上，教练式管理者认可他们的差异性，看见并发挥其优势，花时间关心员工的需求、兴趣和能力发展。教练式管理者将更为开放，减少评判和以己度人，更能看到、欣赏员工的优势和潜力并给予认可和鼓励，而不是专注于纠错和改正。

第三节
教练与人才发展

一、教练与领导力发展

组织管理者的领导能力也是组织的核心竞争力，哈佛大学教授隆纳海菲兹提出，当代组织面临技术性和调试性两种不同的环境和挑战，在技术性环境中，面临的问题有明确的解决方案，管理者的主要任务是将解决方案告诉团队成员，遵照执行即可。而在调适性的挑战和环境中，问题是新的、更复杂的，没有现成、具体的解决方案，以往的经验往往不一定能派上用场，需要管理者与成员共同学习来应对挑战。而传统的管理者多是技术型的领导风格，他们承担责任并拥有更强的解决问题的能力，主要任务是把方法告诉成员，并督导其执行方案。员工也相信管理者的经验和能力，习惯性的服从，没有主动思考的习惯。在快速发展变化的环境中，很多问题是新的、更复杂的，如果管理者还是用技术性的方法解决调试性的问题，会带来什么结果呢？这就需要员工更加具有解决复杂问题的能力及自我管理能力，如果只是告诉对方解决方案，一方面可能让员工有依赖心理，另一方面同时影响员工的自我思考和潜力的发挥。

"人得其位，事得其人"，这种匹配在当代快速变化的组织环境中更是动态发展的，教练式管理者会主动寻找机会将组织需求和员工需求不断整合，这种更加协同一致将更为重要，让员工感觉到工作不仅是生活的保障，同时也是生活的追求。运用教练方法（提问和反馈）引导员工关注工作内容及给他人和组织带来的价值，激励员工的自我能动性，降低其盲目的择业，也可降低人才流动率和管理的风险。

二、教练与学习发展

组织管理者也正竭尽全力提升员工的绩效表现，挖掘他们的潜力，人力资源部门组织各种管理和领导力的培训，但经常发现员工在培训过程中积极参与，学到了一些知识、工具和方法，可回到组织后，反馈却是参加者欠缺在实际工作中学以致用和行为改变。这个问题在学习发展领域已是老生常谈了。是什么因素抑制了学习者的真正改变呢？又有哪些因素会促进其应用和改变呢？

（1）学习者真正意识到、感觉到所学内容对其工作和职业发展的重要性了吗？

（2）如果维持不变，学习者是否有危机感或紧迫感呢？

（3）对运用所学与现实环境中的承诺度如何？

（4）尝试运用实践时是否得到反馈和鼓励呢？遇到问题是否有资源支持呢？

（5）是否有督导机制呢？

惯性的力量是很强大的，改变就是要放下过去的习惯，培养新的习惯，这需要内在足够的动力及外在的推力。

《潜力量》作者艾伦·范恩教练认为，提升他人表现的最大障碍不是在于知道多少，而是如何排除干扰因素，运用我们知道的做好事情。过多的给予知识，干扰了运用已有的知识有效运用，80% 是内在状态，你相信可以达成吗；20% 是外在的技术和工具，教练方式即是与被辅导者合作基于目标和面临的挑战，提升其达成目标的信念和激情，挖掘其所学的知识、能力及积累的经验，连接与现实问题和挑战，运用已有资源达成期望结果。

第三章

教练的
核心能力

喜怒哀乐之未发，谓之中；发而皆中节，谓之和。

——《中庸》

第一节
教 练 能 力

一、教练能力概述

有一位管理者，希望通过教练的方式提升其领导能力，下面是教练在与该管理者进行初次教练会谈时提出的主要问题。

请描述您的领导力平衡论（将圆形的轮子分成6份或8份）：哪些能力对你在组织中的成功是至关重要的？

想象一下，如果您的领导力生涯是一辆车，这是它的轮子，您的发现是什么？

哪些轮子对您的这辆车顺利有效地前行是至关重要的？

这辆车轮子的现状是怎么样的？如果用 1~10 打分，您会分别打多少分？

哪些是让您骄傲的方面？

哪些缺失了？如果这种情况持续下去会有什么影响？

哪些是您最渴望改变的地方？

如果期望改变该领域，您希望的理想状态是什么？

有什么方法可以帮助您达成期望的状态？

您希望未来一周采取的具体行动是什么？

大家看到这段对话，您认为哪些能力和品质对教练成功支持被辅导者是关键的？

其一，专注人的改变。被辅导者常常为希望解决问题来参加教练对话，教练需要意识到是被辅导者这个人来解决问题，人是有头脑、心灵、身体和精神的，教练要有"全人"思维，通过支持人的改变和成长来更有效地面对遇到的问题。

其二，教练的工作是相信被辅导者有能力、潜力和资源来面对遇到的挑战和问题，以提问为主，与对方一起探索，一个好的教练有耐心聆听、观察被辅导者的故事和表情，通过这些了解什么东西对他们是重要的，他们的希望与恐惧以及前进的动力是什么？他们是如何面对挑战的。教练也经常运用调查、测评的方式帮助被辅导者了解并增进其自我认知。教练要发自内心的关心他人成长，展示出正直与真诚。

其三，教练的一个主要任务也是帮助对方更加看清自己的思维模式、假设、行为习惯，对希望实现结果的影响，并帮助他们通过不同的视角转换，改变影响达成期望目标的思维方式和行为模式。教练需要勇气，为了被辅导者的利益，坦诚并以恰当的方式分享观察到的问题，特别是一些对方需要改进的方面，不应担心被辅导者不高兴而回避。

其四，教练无需给对方讲个人的故事，以免浪费对方的时间，除非对被辅导者达成目标而言非常重要。同时教练可以提供建议和思路，这将作为被辅导者的一个可能选项之一，哪个方案对他最有帮助，决策权由被辅导者来定。

其五，教练有时需要退出教练关系。对于专业教练而言，当被辅导者的需求不在其教练领域，如投资问题，心理咨询问题等，为了对方的利益应终止双方的教练关系，或请相关专业人员来支持。

其六，教练需要对双方的谈话保守秘密。对于外部的教练，有些信息（进展状态，建议等）需要和被辅导者的重要利益关系人分享以赢得对方的支持。因此在笔者的教练实践中，人力资源的管理者经常要求提供辅导的信息和反馈。但是，基于保密原则，开始时须就哪些内容可以分享，哪些内容不分享与各相关方及被辅导者达成共识。

国际教练联合会（ICF）定义了教练需要的 11 项关键核心能力，也是教练在教练过程中需要的重要技艺：

（1）教练的道德守则（Ethics and Standard）；（2）建立教练合约（Establish the Coaching Agreement）；（3）与客户建立信任关系（Establishing Trust and Intimacy with the Client）；（4）教练状态（Coaching Presence）；（5）积极聆听（Active Listening）；（6）有力提问（Powerful Questioning）；（7）直接沟通（Direct Communication）；（8）增强意识和认知（Creating Awareness）；（9）设计行动（Design Actions）；（10）计划和目标设定（Planning and Goal Setting）；（11）管理进展和问责（Managing Progress and Accountability）。

二、教练能力问卷

在针对组织中的管理者成为教练而不是专业教练，实践中发现 ICF 的一部分能力与其工作情景更为相关。下面是针对组织中的管理人员需要提升教练能力时参考的能力和行为标准。

以下能力自评问卷（见表 3-1）将为您提供一个得分，以帮助您了解自己担任教练过程中的有效性、您的优势及希望改进的方面。

表3-1 能力自评问卷

从不	很少	有时	经常	始终
1	2	3	4	5

建立信任关系	评分
营造安全和相互支持的环境	
持续的尊敬和信任	
开放地分享你的经验	
配合对方的语气和肢体语言	
运用有效重述的技巧	
了解他人的风格，配合他人的状态	
设定目标	
收集信息，与被辅导者建立一个教练计划和发展目标，能够解决学习和发展中的顾虑和主要发展领域	
创建一个其结果可以实现的、衡量的、具体并有时间的计划	
根据教练进程和情形的变化可做出计划的调整	
帮助被辅导者找出、识别学习和成长的不同资源，如书籍或其他专业人员	
确定和聚焦那些对被辅导者来说很重要的早期成功	
积极聆听	
聆听辅导对象的关注点、目标、价值观和信念	
能够聆听辅导对象，并尊重他的重点关切	
能够放弃对辅导对象的判断	
带着好奇心聆听辅导对象	
通过复述和回顾澄清你对辅导对象的理解	
有效提问	
能提出表现你的积极聆听的开放式问题	
能够提升辅导对象的认知度，并产生责任感	
提出的问题清楚、简练、语气温和	
能够通过提问引发思考、承诺或行动	

续表

能通过提问使事情更加清晰，带来更多可能性或发现新收获	
能通过提问让辅导对象向目标靠近，而非让他给予证明或"向后看"	
反 馈	
能够识别辅导对象的才能和优势	
当辅导对象表现良好时给予正面反馈	
明确指出辅导对象"为什么"以及"如何"干得漂亮	
提供建设性的反馈，并重点关注辅导对象今后如何才能做得更好	
反馈时着重于"能力／技巧"而非"人"	
能够具体描述所期望的技能	
先让辅导对象进行自我评估	
激励／鼓励	
了解辅导对象的激励因素	
发现他们需要的支持	
建立他们的自信，提升他们的自尊	
创造愿景，让他们知道自己能够达到的高度	
认可进步，不断表扬	
设计任务，获得承诺	
共同探索确定并帮助辅导对象确定行动	
能够让辅导对象参与动脑筋，想办法，评估方案，直至做出决策	
提供与辅导对象的目标相一致的观点	
鼓励迎接挑战，让辅导对象意识到这些都是学习的必要过程	
关注辅导对象的重点关切，但让他们自己决定如何采取行动	
询问跟进辅导对象确保所承诺行动进展情况	

参照表 3-1，作为管理者，在教练辅导能力方面，哪些行为是您的优势？对有效辅导他人带来哪些贡献？哪些方面需要提升？该挑战对您进行有效辅导带来什么影响？您将会采取哪些方式提升？

第二节
教练状态

一、概　述

"欲助人者先自助，欲觉人者先自觉"。在国际教练联合会（ICF）的能力中，教练需要修炼的一项重要品质能力是教练状态（Coaching Presence），什么是教练状态呢？ ICF 的能力模型中这样描述教练需要：

教练过程中保持当下和灵活性，与客户共舞；

依靠自己的直觉，相信自己的直觉判断；

对未知风险保持开放态度；

能看到多种与客户一起的方式，并选择当下最合适的有效方式；

自信地转变自己的行为和观念，并尝试新的可能性；

展示处理强烈情绪的自信，并能自我管理，而不是被客户的情绪左右或卷入。

教练状态是教练成功需要修炼的重要功课，教练的工作需要面对不同情境的被辅导者，他们拥有不同的背景、经验、价值观、信念及遇到的挑战，与教练自身的背景会有不同，在教练过程中，教练有时会根据个人的经验、信念等无意识的判断和评价，如"他这个想法是不合适的"，有时也会根据自己的局部的经验建议对方"他应该这么做"，等等。笔者在早期教练过程中时有这种情况，脑海中回荡着这样的声音，虽然未表现出来，但觉察到自身未达合适的教练状态，没能保持当下。而逐渐发现有效的教练状态是有意识的"无知""中正"状态，这样才可以在"当下"，更清楚地觉知自己如何有效地帮助被辅导者。

二、修炼教练状态

1. 修身先修心

《大学》中讲格物，致知，诚意，正心，修身，齐家，治国，平天下。而作为教练的修身至关重要，欲修其身者，先正其心，欲正其心者，先诚其意，欲诚其意者，先致其知，致知在格物。所谓修身在于正其心者，身有所忿懥，则不得其正，有所恐惧，则不得其正，有所忧患，则不得其正；心不在焉，视而不见，听而不闻，食而不知其味，此谓修身在正其心。

作为教练，当我们加入个人的好恶，不得以正心；有担忧恐惧，不得以正心。我们害怕客户不开心，就在需要的时候不敢于挑战对方，甚至取悦对方，不能够支持客户迈出舒适圈，提升和发展自己；我们害怕客户感觉我们能力不够高，就会想办法证明自己，给出一些可能是噪音的建议；我们害怕客户不跟我们合作，就可能会承诺一些力所不能及的事情。

而欲正其心，必先诚其意。诚意就是全心全意的关注客户的当下，客户的期望和梦想，一丝不生利己之念。古人云"修身为本，其所厚者薄，而其所薄者厚，未之有也。此为知本，此谓知之至也"。在笔者刚开始学习教练的过程中，非常渴望学到更多的工具、模型和方法，将各种流派的教练工具等总结入囊，而在教练过程中，发现有些工具非常了解，知道如何使用，但是无法游刃有余，无法有效地支持客户。掌握工具很好，但状态未达，还是要修身为本。作为一位有效的教练，是诚心正意的，不是要去满足客户之所欲，而是满足客户之所需。富有同理心，不等于软心肠，感同身受也不是为了取悦客户，而是重视关注谈论对客户真正重要的事情。

教练自身功夫的修炼，需要了解我们自己所拥有的信念和遵从的假设条件、价值观、原则及其对我们行为和决策带来的影响，才能更有效觉察我们的行为及与他人的互动方式，从而检视我们的行为与环境和他人的关系，促进更好地整合一致。

2. 修行成习惯

教练时，先看自己的状态，你在哪里？你是和谐平衡的吗？大卫 R·霍金斯（David R·Hawkins）在他所著的《意念力：激发你的潜在力量》中阐述了人类意识的层级，他经过多年的实验，对人的能量场进行归类。当能量值在 200 以下时，表现可能有骄傲、愤怒、欲望、恐惧等，关注更多的是获取；当能量值在 200 以上时，人们表现为更有勇气面对恐惧和自身的弱点，更灵活，看问题更客观中立，内心更加安宁、情绪稳定并对结果不那么在意，更多关注他人、社会利益，富有同情心，乐于助人。教练的能量值也决定着教练的状态。有一位教练大师曾说，如果身为教练的能量值不够 200，那很难让客户感觉有帮助。因此不断地修炼自我是我们从事教练事业的重要功课，相信大家都有适合自己的方式，以下列举一些常用方法以供参考。

与大自然接触，当与自然接触时好像与自己连接了；

在世界上找你最崇敬的几个人（在世或离世），与他们连接，感知到生命的力量；

冥想，想想生命的本质是爱，没有其他；

正念练习，打坐静心，观呼吸；

音乐，舞蹈；

诵经；

……

笔者个人非常喜欢的方式是做"正念练习"和学习国学经典，经典中多为"道"，王阳明先生是笔者非常崇敬的老师、圣人。读圣人之学，悟圣人之学，偶有连接圣人之心，感觉到王阳明先生光明本心的力量，相信他人均有圣人之心的力量，去除私欲遮蔽的力量。这种连接其实是与自己本自具足良知、智慧的连接。

在我们成长的路上，不是一帆风顺的。王阳明先生也说"破山中贼易，破心中贼难"，我们的个性、习性、习惯，多年形成的价值观念、信念，对自己和他人的期待及渴望等都在影响我们真正的正心，真正的诚意，因而不断地觉察自我，不断成长、不断的突破自我也是教练从业者持续的功夫。

第四章

教练如何
促进改变

破山中贼易，破心中贼难。

——王阳明

第一节
行为改变的影响因素和步骤

组织战略调整落实，业绩提升，文化变革，管理者和员工能力提升或行为风格转变等，均涉及人员行为的改变，而多年来，人才管理者多有困惑，为什么投入了大量的资源，却没有得到期望的改变，什么样的方式才能有效促进管理者和员工的行为改变，从而带来组织结果的达成？我们一起看看改变个人的机理和影响因素。

一、影响因素

古人云："闻，思，修""悟后起修"，也就是闻，思，悟是行为改变的基础和根本。在笔者的教练的过程中，观察到：

（1）当客户对所处现状情境有清晰的意识和觉察，并意识到不改变可能的影响将会带来改变的紧迫感，就更易变化。

（2）当客户对改变后未来成为的样子和状态有憧憬，并看到、感觉到改变后的价值和意义时，就产生改变的渴望和动力。

（3）当客户清晰看到自己当前的行为及带来的结果与个人期望的未来的差异时，改变就开始了。

管理大师约翰·科特与丹 S. 科恩（John Kotter & Dan S）合著的《变革之心》中提道，在改变人们行为的过程中，目睹所带来的感受上变化的作用，要远远大于分析所导致的思维上改变的作用，书中强调，与其给他们一堆分析数据，以改变他们的思维，倒不如让他们看到事情的真相。通过组织中大量的变革例证总结的有效模式：目睹—感受—改变，针对具体的问题需要改变的方面，在改变的过程中，用生动具体的方式，如展示、演示、视觉化工具等，让人们实际看到、摸到并感受到的事物，以此使他们意识到改变的必要性。激发利于改变的情绪热情，信心、自信和紧迫感，内心感受的变化，将更会带来行为方式的变化。

二、步　骤

大卫·麦格森（David Megginson）在他著的《教练和导师技术》（*Techniques for Coaching and Mentoring*）书中提到人们在改变的过程中，承诺是关键的，会经历以下几个步骤：

（1）认知和意识（Awareness）：对改变的需要认知和意识，这是改变的开始。一个人如果没能意识到不改变马上会有不利的影响，也只是知道了需要改变而已。如改变吸烟的习惯，了解吸烟有害是常识，不会对戒烟有太大的动力。

（2）理解（Understanding）：可能受到外界的激发和刺激，人们更理解并聚焦到某个方面的改变上，理解了采取行动带来的益处，也理解到不改变可能造成的负面影响。这还是在一个人的思维层面上的理解和紧迫感，但有可能与内在的信念有冲突。例如，我知道抽烟对身体不好，但抽烟可以让我放松并感觉舒适；我知道多吃巧克力不好，但我喜欢。

（3）接纳（Acceptance）：当一个人的情绪感受和理性思维共同意识到改变的紧迫感。这时人们强烈的意识到改变的好处以及不采取行动的可能后果，这样更能聚焦专注于这个方面的改变，没有其他方面的干扰。如吸烟，感觉到吸烟会让自己可能生病，医生已经告诉我了，对肺部可能不太好。

（4）承诺（Commitment）：它是对自己和他人的承诺，它将连接到人们改变的目标与个人身份、自我形象（self image）。如果不能兑现改变的承诺，会降低个人在他人心中的形象和身份的认同。

（5）行动计划（Plan of Action）：行动计划的具体程度也影响实施的结果。因此在制定明确计划时要确保其详尽性。

（6）实施（Implementation）：实施改变过程中，旧的习惯、方法、欠缺能力及环境的干扰会影响有效实施。教练的角色就是要挑战让被辅导者不要重新回到老路上的习惯，让他看清自己所在的道路，探索存在的各种选择并帮他走上新路。

（7）积极的反馈（Positive Feedback）：来自个人和他人的积极反馈，来强化其对改变的承诺。这也就是为什么戈德史密斯（Goldsmith）花费大量的时间让被辅导者的利益关系人参与进来，观察、反馈认可，支持强化管理者的改变和提升。

从以上改变的阶段来看，古人讲的"闻"是意识和了解阶段，"思""悟"可能就是接纳和内心承诺的阶段，了解需要改变的外界信息与"我心"连接，知道、感觉到改变的意义和价值。我们经常说："知易行难"，心学大师王阳明先生说"知之真切笃实处，便是行"。笔者的一位老师也曾说"知难行易",可能就是这个道理吧,真正悟到了,行动改变也就容易了。

第二节
教练促进改变实践

参考麦格森的改变步骤模型,笔者在辅导他人的实践过程中,总结出以下步骤,可更有效地促进被辅导者持续性行为的改变。

一、提升自我认知和改变意愿

看清现状,知道、感觉到不改变可能的影响及改变后的价值和意义。有时候,被辅导者并没有准备好改变,没有意识到改变的必要性(别人可能观察意识到了),如果这时告诉对方需要的改变,对方可能同意说"我应该改变",但内心并没有意识到改变的重要性和紧迫感。驱使一个人的改变经常是"梦"或是"痛",探索以自身价值观为基础的愿景和目标,会激励客户提升其改变的动力和能量,一个人的决定是由他的价值观决定的,当价值与决定一致时,他们就会愿意采取行动。当一个人意识、看见到自己的当前行为,渴望、期待并觉察到当前的行为对目标和渴望的关系时,改变就容易发生。

教练与被辅导者共同探索没有改变或维持现状可能的影响将提升其改变的动力和欲望,探讨问题可以如下进行。

在你当前的工作中,你最满足、最有成就感的状态是怎样的?什么对你来说是最重要的?

在职业发展方面,你希望5年后成为怎样的状态? 哪些因素是至关重要的？为什么？

对现在的情况你的满意程度如何？哪些需要继续保持？哪些需要改变？

如果在未来1年，仍然保持现状，不采取任何不同的行动，1年后会发生什么？对你的期望达成的目标有什么影响？

如果不做任何改变，5年后生活会是什么样子？

对这个后果你的接受程度怎样？你的重要利益关系人接受程度怎样？

如果采取行动改变，你期望改变后的结果是什么？

改变后带来的价值有哪些？对你的工作？职业发展？组织？

假如改变后达成了你期望的结果，你听到什么？看到什么？感觉到什么？

当改变后，你会成为怎样的人？别人会怎样评价你？

……

在与组织合作提供教练的过程中，一种情况是被辅导者本人的意愿和紧迫感不高，另一种情况是被辅导者有提升改变的愿望，认为教练辅导对其工作和职业发展有重要意义，但是个人改变发展重点与组织管理者的期望不一致。例如，一位医药行业的客户，是一位业务管理者，公司人力资源经理及该管理者的上级领导希望通过教练的方式，帮助他提升与他人沟通特别是与下属及跨部门的沟通能力。而他本人不认为沟通是问题，即使有问题，也是组织架构和别的部门不太配合带来的，他更希望通过教练提升其战略思考及前瞻思维的能力。在这种情况下，前期发展重点的一致性就非常关键，既不能完全按照组织的期望进行，尽管是组织投资教练项目，因为如果这样可能失去被辅导者本人的信任，也不能完全跟随被辅导者阐述的期望，可能管理者本人存在盲点，没能意识到他的首要发展重点是什么。因此整合各相关方想法，聚焦发展重点非常关键。下面方式供参考。

请被辅导者的上级主管给予反馈，了解其行为及其对角色成功的影响；

可以采用前面提到的三方会谈方式，教练、被辅导者及其主管经理等一起定位其发展领域；

收集内部利益相关方的反馈，如360访谈，360测评；

如果没有反馈环节，教练可以从被辅导者角色成功的关键要素、需要的能力开始，让被辅导者自我检视其优势和待发展的重点，提出问题进行探索，提升其自我认知。例如，在目前角色上成功，关键任务有哪些？这些事项涉及哪些关键利益关系人？为了角色及任务的成功，这个角色的管理者需要具备哪些关键能力？你的上级主管的观点是什么？哪些与你相同？哪些不同？你认为自己的优势是什么？为什么？你需要突破改进的是什么？为什么？他人的观点是什么？你们双方共识的发展领域 /重点是什么？

二、明确策略和行动，促进改变

在开始新行为时，往往伴随着被辅导者能力需要提升，视角需要转换，突破个人的限制性信念等，这样的改变才有可能持续，这种改变是这个人的变化，不仅仅是某个行为的变化。下面以提问举例。

你对自己在该方面达成期望改变的信心怎样？

是什么可能阻碍你100%的改变？

有哪些过去你坚守多年的想法或做法不利于你的改变？你需要勇于放下什么？

有哪些已有的优势发挥可以帮助你的成长？哪些方面是过去欠缺需要尽快提升的？

你需要什么资源或支持将更有效地帮助你的改变和跨越？

……

当被辅导者想要改变，有较强的动力和决心并准备改变时，行动计划就非常重要了，计划的明确具体程度也直接影响到落实行动的承诺。有些人说，"我下面一定要多一些聆听，更好地与员工沟通，这对我们团队的凝聚力很重要"，听起来他开始行动了，但如果停留在这个层面上，被辅导者采取新行为的可能性或持续性不高。要确保其计划的具体详尽。例如：

你在未来一周会采取什么行动？在未来1个月将开始做些什么？

你有写下来的计划吗？

为了实现这个目标，你的计划有多详尽？

你怎样知道你开始了新的方式？

什么时间、地点，与谁？

三、强化改变，形成习惯

人们开始改变了，但在这个阶段，也经常会放弃改变，因为这时人们还没有感受到改变后的成就感，那种不舒适情绪的感觉可能大于改变后的成就感，也没有特别感受到改变带来的益处，反而更多的是挑战，多年形成的习惯的拉力，迈出舒适圈的压力，环境中的干扰，能力的欠缺等都可能导致一个人放弃改变。特别是在中国文化情境中，人们权威感很强，非常尊重权威，长期形成的自我认同感不够，这在其潜力发挥和走向卓越过程中产生内在的干扰，让自己改变的能量和信心不够，排除干扰就是自我改变成长的过程。

所有的改变都是对资源的重新整合。在这个阶段要维持改变成功的关键是：确保专注和承诺，这时教练的支持非常重要。

观察到客户已经取得的一些成绩和进步，及时鼓励认可，并帮助客户看到从成绩带来的积极影响。

对下一个阶段的改变明确行动，并承诺。

针对进一步改变遇到的问题、挑战，及时给予支持并共同排除障碍，如共同探索遇到问题的解决方案，让客户感觉到有信心和能量跨越障碍；有时新的行动可能需要新的能力，挖掘指导获取资源提升能力等。

在这个过程中，被辅导者的重要利益相关人的反馈、支持和鼓励对其改变的维持也至关重要。有专家研究说，一个习惯的形成需要30~90天，当采取了新的行为，拥有更有效的习惯和行动了，你和你的生活都不同了。

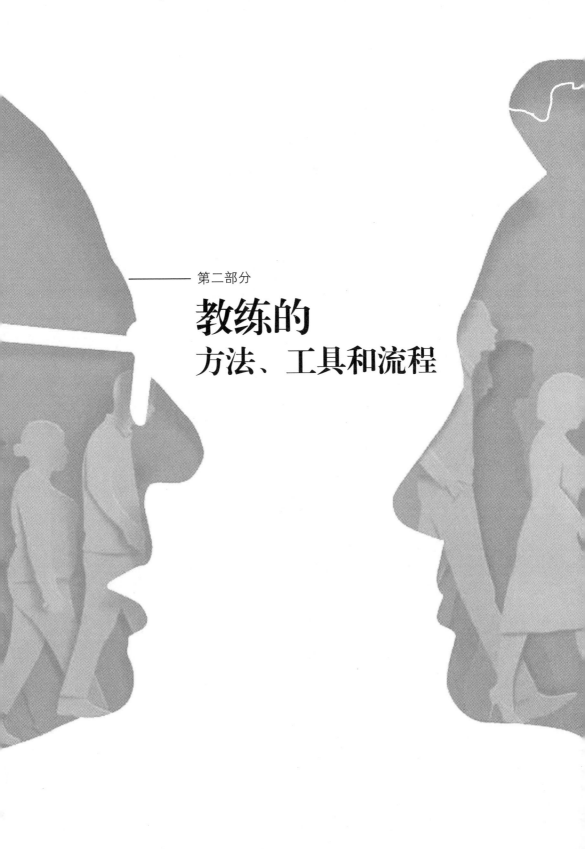

第二部分

教练的
方法、工具和流程

教练的方法、工具、流程和模型有很多，比如 GROW 模型、GAPS 模型是大家常用的工具或流程，不同的教练采用的方式也有不同，笔者在实践中综合归纳以下流程步骤是教练过程中不可或缺的。

第五章

建立互信

关系

> 君子信而后劳其民，
>
> 未信，则以为厉己也。
>
> ——《论语》

第一节
建立互信关系的原则和方式

　　教练与被辅导者的信任关系是教练成败的基石和关键，有信任，对方才可能敞开心扉，探索自己，触及真正问题的核心；有信任，对方才会感觉安全、放松，减少内心的恐惧和干扰，挖掘内在的智慧和资源来面对环境带来的问题和挑战；有信任，被辅导者才能与教练共舞。大家可能听说过，同样一句话，不同的人讲出来你的感受和收获是不一样的。如果我们不信任这个人，我们对他说的话可能有很多评判和质疑，也很少信任他说的话。

一、组织内部教练与被辅导者建立信任关系

1. 核心要素

组织中的管理者承担辅导下属的角色和责任，当管理者作为教练辅导下属时，信任关系也非常重要。"路遥知马力，日久见人心"，管理者和下属平时的互动，所言所行都在建立或减损双方的信任关系。史蒂芬M·R·柯维（Stephen M. R. Covey）在《信任的速度》一书中提到，与他人建立信任关系首先是做一个值得信任的人，而4个核心是成为值得信任的关键。

（1）诚实/正直：言行一致，履行诺言，表里如一；它还表现在你有勇气坚持自己的价值观和信念。

（2）动机：如果我们的动机是出于共同利益的考虑，不仅关心自己，还真诚地关心对方的利益及与我们有关的人，信任就会增加。

（3）能力：能力是提升信任的手段，包括我们的天赋、态度、技能、知识等，这是我们创造成果的手段。

（4）成果：即我们的表现，我们做成过什么事，或我们实现了哪些承诺过的结果。

2. 信任的关键行为

同时，基于瑞那博士（Dr. Reina）《工作场所的信任与背叛》（*Trust and Betrayal in the Workplace*）和S·柯维（S. Covey.）的《高信任度领导的行为》（*Behaviours of High Trust Leaders*），总结以下管理者与他人建立信任的关键行为。

（1）能力的信任。

取得成果：明确什么是需要的成果并取得成果。

追求进步：不断地学习、提高和改变。

传递信任：给予他人信任，当你信任他人，他人也倾向信任你，当信任缺失时，给予信任是最好的建立信任的路径之一。

（2）品格的信任。

表达尊重：你的行为建立在尊重、善意、爱心和礼貌的基础上，尊重关爱对方。

承认错误：古人讲知耻近乎勇，如果出现错误，有勇气承认并道歉，同时积极采取措施挽救。

信守承诺：说到做到，信守承诺是建立信任的关键行为。

负起责任：承担责任，也让他人负起担当责任。

（3）沟通的信任。

直率沟通：是诚实的行为，是建立在坦诚和真挚原则基础上的，即讲实话，清楚的交流并给他人正确的印象，而不是让自己被误解。

公开透明：开放、真诚讲实话。

表现忠诚：一方面指归功于别人，另一方面指谈论他人时，在场不在场都一样。

明确期望：指事先对要做什么，要得到什么结果清晰明确，达成共识。

先听后说：先了解、理解他人的想法和视角，再表达个人的观点及依据。

以上是管理者与他人建立信任，提升人际关系的有效方式，人与人的信任建立不易，需要逐渐积累你在别人心中的可信度，时常觉察自己的行为和动机，不断地改进。这也是管理者不断提升其自身领导力的关键。

3. 建立辅导关系要点

管理者在准备辅导下属时，以下行为可帮助管理者作为教练的角色在谈话中更好的与员工建立关系，激发员工更为开放分享。

提前预约时间，并确保不被打扰，展示对员工的尊重。

真诚具体地认可员工的行为或成绩，特别是针对有些需要改进的员工，需要提前看到、想到员工的优点和值得认可的贡献。

真诚、清晰地分享自己的观点、目的。

展示积极聆听，不打断，关心对方的问题、想法和期望。

运用提问，语调尽可能温和，特别是提出挑战性问题时。

二、组织外部教练与被辅导者建立信任

作为组织外部的教练，与客户的信任更为关键重要，笔者在第一部分曾阐述过，教练的状态是成功的基础。教练要展现出值得信任，他／她是开放的、少评判的；有勇气且善于理解他人的；教练真正关注客户的目标和期望，愿意探索不同的可能性。同时教练的专业背景、经验能力也是与客户建立关系的重要因素。通常为了更好的支持被辅导者，组织选择教练时会考虑：

教练的行业背景，承担的角色及经验与被辅导者的匹配性；

教练的资质、经验，如是否有权威机构的认证等；

教练的风格，通常，组织会选用 2 名背景符合的教练，分别与被辅导者见面沟通，由被辅导者选择 1 名最适合他风格的教练。

在教练会谈中，教练是否有能力在教练的位置上从中立的角度看待问题，强调目标，应用有效的聆听和提问及语气语调，都会直接影响对方的信任；教练对谈话保密性的承诺也会影响被辅导者的开放程度。

在教练过程中，以下事项的管理对建立信任非常重要。

（1）教练的报告。一般情况组织出资委托教练为其重要的管理者提供教练服务，期望看到教练进展的报告，基于保密原则，分享的内容是否符合被辅导者的意愿非常重要，基于笔者实践，分享时教练可以参考以下内容：教练的状态报告，包括时间、地点、主要探讨议题、对组织（其上级管理者）的建议；教练给人力资源或项目发起者（HR/Sponsor）分享以上内容之前，可让被辅导者过目，确保兑现承诺的保密原则。

（2）被辅导者的个性测评报告。一般在教练初期会运用某个测评工具，如 Hogan 测评，帮助客户提升自我认知和觉察，明确自己的优势和局限性。

组织会希望看到测评的结果，如果教练将报告直接发给组织相关人员（如HR或其上级经理），被辅导者可能会感觉不安全，在一定程度上影响对方的开放程度和双方的信任关系。

（3）教练的三方／四方会谈。在第一部分中谈到，教练的多方会谈对教练目标的共识，增加被辅导者的重视程度和赢得其管理者的支持有很大帮助，但在实施过程中需要注意一些细节。笔者曾遇到一个教练案例，为一家医药公司的生产经理提供教练项目，在与被辅导者有过两次会谈后，双方建立了信任，客户趋于开放，愿意深度分享，之后进行了三方会谈（客户，其上级经理，教练），在三方会谈过程中，其上级经理提出了很多要求和期望，没有耐心聆听被辅导者的想法，也没有提供认可和鼓励，在这过程中被辅导者处于沉默和服从的状态。之后，在三方的会谈中，当我们进一步聚焦发展领域时，客户说"听领导的吧。"显然对方降低了开放程度，这是一次不成功的三方会谈。因此经过反思笔者总结到，为了确保三方会谈成功，教练需要提前了解组织的文化，在等级文化强的氛围中，组织三方会谈时，教练需要提前强调会谈的目的、角色和流程，承担更为主动的引导角色，创建开放的气氛，认可成绩，确保过程中双方坦诚开放、给予反馈，聚焦发展领域。

在笔者的教练实践中，以下是关于三方／四方利益相关方会谈的目的和流程。

目的

参与：客户的挑战来源复杂且多为一个系统性问题，所有的利益相关方均对客户的改变和目标达成具有影响，特别在行为或整体改变方面。因此重要利益相关方的参与至关重要。

反馈与激励：客户对自己的挑战、能力及发展有一定的觉察和认知，同时也有一定的盲点，重要利益相关人，如上级领导、HR等对其反馈对客户提升自我认知及聚焦发展重点非常重要。

达成一致性／共识：

（1）对于未来一定时期的发展重点达成共识，特别是改变的期望结果或行为表现有一致性的认识，这对于发展过程中管理者给予被辅导者反馈和强化提供重要的基础，管理者更能识别行为并给予及时的反馈和认可。

（2）对过程、汇报机制、保密原则达成共识。

（3）对于促进改变的影响因素及提升需要的支持达成共识并赢得承诺，如创造环境和机会帮助被辅导者有机会提升。

流程

开场：感谢参与者（即大家对被辅导者发展的重视）。

澄清目的和角色（参与、反馈、共识）。

引导各方进行对话：被辅导者自我分享；上级领导反馈和期望；HR 管理者建议；被辅导者总结聚焦共识。

关键引导性问题：教练可针对不同利益相关方提出以下问题：

被辅导者：

在未来一年的工作重点是什么？未来 1~3 年个人的职业发展期望是什么？

个人拥有哪些优势能力？个人的优势如何可以支持到期望的工作目标？

未来 1 年希望提升改进的方面是什么？

如果这些方面改进了，哪些行为的变化说明这些方面提高了？

通过领导的反馈，哪些与你个人的反思一致？哪些不同？你对个人的发展有哪些新的看法？哪些是最需要专注的？

哪些因素会阻碍你的提升？哪些因素会促进你的提升？

你需要的支持是什么？谁的支持？是什么？

上级领导：

通过一起合作，你认为他／她的优势是什么？／表现优异的地方是什么？

你认为他／她需要提高改进的地方是什么？

在未来 6~12 个月，你期望他／她有哪些突破和改进？

在未来 6~12 个月的发展过程中，你对他／她的建议是什么？

在他／她提到的需要支持方面，你的建议是什么？

你对辅导项目的期望是什么？

人力资源经理：

你的观察和建议是什么？

做些什么可以更好的支持到他 / 她的发展提升？

对项目的流程有什么期望和建议？

第二节
与不同类型的客户建立信任关系

在教练实践中，被辅导者参加教练项目的具体情境多有不同，以下是笔者遇到的一些常见情境和开始建立关系的参考实践。

一、被辅导者不相信教练方式

被辅导者期望教练更多分享洞见和经验，而不是教练的方式，这在教练实践中很常见，对方并不清楚教练方式是什么，认为只是一个一对一的课程，对通过用提问来进行自我探索的方式没有信心或不适应。在这种情况下，就需要建立信任：可以通过分享个人的经验和背景；分享教练方式是什么，与培训和授课的不同是什么；探讨如果仅仅是分享，教授给对方真正的成长改变带来的价值和风险是什么；相信对方过去积累的知识、经验，优势能力和优秀品质，如果充分发挥将会对现实挑战的价值；展示意愿或不完全拒绝，当需要的时候适当分享个人的想法或工具供参考。

二、被辅导者参加教练项目意愿不高

如果被辅导者是被其主管、公司、朋友建议与教练会谈，而本人意愿

不高，也没有期望改变什么，可能由于被主管认为有问题，被困住了，或自己认为改变是不可能的，或私下有深层的顾虑。在这种情况下，如何建立信任策略：澄清教练是帮助一个人释放潜能，从优秀到卓越的过程，寻找对方的优势和积极的方面，帮助他看到、感觉到自己的潜力并增强对成长的信心；用温暖、委婉的方式提问，探索他的长远目标和梦想；当对方投入真诚的对话时，教练可以与其探索，鼓舞激励他看到想要的结果及与现在的差异。

三、被辅导者呈现受害者状态

有时被辅导者在会谈开始一直抱怨，专注在问题、挑战上及让他们不满意的地方，讲很多负面的故事，看似被辅导者开放分享，实则对教练没有信心，自己也没有准备好采取行动获得想要的结果。可能是因为他们的思维中有太多负面故事；或他们不相信可能实现期望的结果，不知道如何获得想要的。针对这种情况，建立信任的策略为：聆听对方，运用同理心理解对方的视角和感受；理解被辅导者但不能一味的倾听对方释放情绪，如果这样，似乎是在理解对方，但对客户帮助不大。相信对方心中一定有希望实现的更重要的目标，需要适时干预，如认可对方的想法和感受；感受到这给对方工作和生活带来了困扰；询问对方如果不想要这个，那么对方期望的结果是什么；面对这种情况，在对方可影响范围里其希望的结果是什么？

这样的方式看似打断了被辅导者的分享，实则帮助对方转换视角，专注自己期望的结果，感受到真正的收获。

第六章

设定目标和
愿景

志不立，天下无可成之事。

——王阳明

设定目标是教练的首要关键事项，帮助客户厘清真正想要的结果和期望，之后的探讨才有意义。ICF 的教练能力之一就是设定目标，通过综合收集信息，与客户建立一个教练计划和发展目标，解决学习和发展中的顾虑和挑战。

第一节
明确问题/议题

客户邀请教练主要是针对遇到的挑战和问题，如管理的困惑（领导他人的困惑或个人情绪管理等）、人际关系挑战、组织业务发展问题，等等，因此，在设定目标之前，定义问题很有必要。

困扰我们的问题，有时是真问题，有时是假问题。

有些事情困扰我们，让我们不舒服，希望排除这些障碍或干扰，但我们不希望花精力、承诺度不够；有些事情我们看不惯，不是我们希望看到或愿意看到的，因此会抱怨，这看起来是问题，其实只是情绪的表达或倾诉。

有些事情困扰我们，但我们希望别人的改变会带来结果的改变，而别人的改变不在我们的影响范围。因此当被辅导者提出一个议题或希望解决的问题时，教练不要轻易确定第一次提出的问题，而是要通过探讨确定所谈问题 / 议题确实是被辅导者希望讨论的问题，而解决问题达成结果对他意义非凡。

同时正确定义问题关键是是否清晰了解被辅导者的真正问题，而非表面现象。会谈的议题由客户决定，是对客户有重要价值并希望专注探讨的议题。例如，如果部门绩效不达标，被辅导者可能会认为这是因为员工的能力或积极性不足。但如果进行更深入地分析探讨，可能会发现问题实质是目标本身不一致或不清晰、工作难以量化、甚至人际冲突等。通过提出问题的方式与被辅导者探讨明确对方真正想要专注的问题到底是什么。

明确会谈的议题

在会谈中您希望讨论的议题是什么？对您而言，该议题在目前阶段为什么重要 / 关键 / 紧急？如果该问题没有解决会带来什么后果？谁会受到伤害？如果我们专注这个问题，给您期望的结果带来什么价值？还有什么问题您希望讨论？您选择哪一个作为今天的议题？该问题的背景是什么？突破性机遇看起来是什么样的？如果用一句话来描述，您将如何描述这个问题 / 机遇？为了更深入地理解该问题，有哪些关键利益相关人？您拥有哪些影响力？

第二节
目 标 和 愿 景

　　教练过程是基于客户的目标、价值观，目标是方向，价值观是动力。设定有效教练目标的关键要求如下。

一、目标是要积极正面的陈述

　　目标对客户是重要的且有意义的，如客户想要什么结果？目标的设定一般与一个现实状态或问题状态相关。

　　被辅导者被自己或环境中的某个问题困扰，希望改变，即不想要什么？例如："我的工作需要我在公众场合做演讲，我总是感觉紧张，甚至害怕。我想消除害怕演讲的感觉。"被辅导者的期望和目标是去掉自己害怕的感觉，明确了自己不想要什么。当以这个为目标焦点时，对方会在心里无意识经常想到紧张、害怕，同时带来内心的对立（内心力量不足），这给有效达成结果带来局限性。

　　如果目标调整为积极正面的描述："我想要什么？"如："我的目标是在演讲中充满信心"，它可以帮助被辅导者把焦点放在期望状态而不是问题状态，也更加具体化。如参照外部角色设定期望状态：我想像 XXX 一样自信地演讲，提供了具体的参照，把焦点转移到期望的状态，可应用关键品质描绘希望状态，例如：

　　你想在演讲时表现出什么状态 / 品质？（我希望在演讲时，表现出自信，灵活的品质）

假设一个人已经拥有这些品质，你希望更……（设定扩张力的成果对现有的品质进行拓展，如演讲时我要更镇静，更有创造力）

假如已经到了期望的状态，情况会变成什么样？你会有什么样的表现？

这时人们对需要什么目标，有一个更清晰的了解和理解。

二、目标可视化 / 愿景

当一个人看到、感觉到目标实现后的图景时，行动的动力会更强。当目标变得清晰且足够详细时，人们可以将其看作是一种现实的可能性，有时被辅导者陷入对于"现实"看法和局限性的思维时，愿景规划变得非常有用。研究发现：当人们能够拥有成功实现目标后的感觉时，他们会有更强大的动力去努力实现目标。愿景是一个具体的、特定的，一种期望的未来景象，愿景有了上层目标（Purpose）就更有意义和方向感，更能持续，而上层目标若有了愿景，就更具体，易落实。愿景与现实是有差距的，差距带来"创造性的张力"，这种张力虽伴有焦虑、气馁，同时又可以产生情绪上的动力。当我们的目标与一个清晰的"景象"同时在脑海中出现，心中便产生一种想把二者合而为一的力量。愿景有多个构面，如物质方面（如住在哪里）、个人方面（如健康、自由等）、贡献社会方面（如帮助他人，对某一领域的知识和贡献）。

确定一个目标，想象成功实现目标的画面，走进画面。

想象你期望的结果 / 状态 / 职业 / 地方。

当你已经实现了期望的结果，你看到了什么？你听到了什么？你感觉到什么？

描述你看到的环境、人员，你在做什么？为什么？

描述你的感觉，如果感觉很好，是什么使你感觉好？

描绘你周围人的感觉？你听到了什么？看到了什么？

你看到的结果与现在有什么不同？

你与别人在看待你方面有什么不同？

你与别人对你的感觉方面有什么不同？你对这个差距有什么感觉？你有愿望缩小这个差距么？

三、目标是具体、可衡量、可观察行为化

目标是具体的，不是抽象的，如果对方提出一个大的话题，很难转化行动，教练需要挑战这个请求，要求在有限的时间内对对方提出最重要的一个问题。如"你怎样能够确切知道你已经实现了目标？表现出来的标准是什么？"在教练过程中，设定目标的清晰、具体可衡量非常重要，笔者观察到，有些国内的管理者，在目标和行动的制定上容易宏观、泛化，如提高沟通能力，提高领导能力等。宏观泛化的目标和行动很难取得期望的结果。例如，某地政府曾主办了一场重大的参观活动，民众对花太长时间排队进场的过程非常不满，为了解决百姓的问题，主办方讨论确定了目标"如何提高排队进场的有效性？"这个目标明显泛化，大家对有效性的认知不一，很难有效讨论出创造性的思路。重新定义有效性的标准更为关键，大家共识后定义目标为：如何缩短参观者的排队时间及如何提升参观者在排队过程中的舒适度？

这样就可以共创出很多可以达成目标的方法。因此，当遇到客户目标和行动泛化时，需要帮助客户厘清自己真正想要的具体成果是什么？SMART 原则是常用于支持客户将目标更加具体化的工具。

明确性（Specific）

你希望达成的目标是什么？

发生什么能说明你已取得了你的目标？

当你达成你的目标时，它看起来怎么样？

你现在给自己打多少分？（1~10 分）

你真正要达成什么结果？

可衡量性（Measurable）

你期望达到多少分？

如何达到你的分数？

当你说你要成为一名"更有效的管理者"时，"更有效的管理者"的定义是什么？

一致性（Aligned）

你的重要利益关系人对你的期望是什么？

你的目标与他的期望的一致性程度怎样？

你如何使你的目标与你组织／团队的目标一致？

相关性（Relevant）

为什么这个目标对你而言是重要的？

为什么你不放弃？

1~10 分评估，达到你的目标有多么重要？

你的经理会说什么？

现在它对于你是最好的目标吗？

这个目标是你最想要探讨并期望达成的目标吗？

时限性（Time）

你希望什么时候要达到你的目标？

你从什么时候开始？ 期限到什么时候？

什么时候我们一起回顾？

四、目标要在可影响的范围

设定的目标如果不在自己的影响范围，个人努力的动力则不大，成效也不显著，有些目标表面看似不可影响，但可以从对期望结果有积极影响的行动开始检视教练目标是否在客户的影响范围内非常重要，即客户通过思维和行为的改变对期望结果有积极、显著的影响。史蒂芬·柯维在《高效人士的七个习惯》中提到，我们所遇到的问题或挑战，有些在我们的影响圈，有些在我们的关注圈，当我们专注于影响圈，投入时间和精力时，会看到成果，我们更有成就感，影响范围和潜力也不断扩大；而如果专注于关注圈即结果不在我们的影响范围时，没有明显成果，人们会感受到无助、无奈，例如：有些人抱怨公司的文化不好、制度流程烦琐、领导风格太直接等，这时，人们的专注点放在了关注圈，教练需要与客户共同探索对他非常重要同时通过努力可以实现的目标。

实现目标要考虑哪些关键的因素？

该目标实现涉及哪些利益关系人？

这个目标是在你的影响范围吗？

如果你付出了努力，也采取了恰当的行动措施，对该目标达成的影响程度有多少？

假如1个月后目标已经达成了，什么是关键的成功因素？你个人的努力改变和行动有百分之多少的贡献度？

如果被辅导者的困惑是想让领导不再忽视他，这看似是一个目标或想要的结果，但不直接在个人的控制范围，教练就需要澄清被辅导者真正想要的并可以发挥影响的是什么。

是什么让你感觉领导忽视了你？

在与领导合作互动的过程中，你对领导的期待是什么？哪些方面是你最在乎的，目前感觉没有得到的？

假如通过未来3个月你的努力是可以获得你最在乎的东西，你最想获得的是什么？

从你的角度可以做些什么有利于获得你想要的结果？

你的下一步行动是什么？

五、目标要保留现有状态的正面意义

当被辅导者设定的目标是改变习惯或行为时，现有的习惯和行为中一定有一些正面的价值和意义对客户而言是非常重要的。例如，改变吸烟的习惯，可吸烟可以让人放松和镇定，而戒烟方案中应保留该正面的价值，否则，促进实现目标的行动力不足。保留已有的价值对采取行动和改变的动力更大，并探索了更多的创造性的想法和思路。例如，一个业绩不错的领导与员工的互动方式习惯于指令型，希望通过教练的帮助转变风格，更多的聆听，让员工参与。可与被辅导者探索：

当你用指令的方式与员工互动时，带来的主要价值和益处是什么？你感觉好的地方是什么？（回应可能是更有掌控感，沟通效率高等）

拥有掌控感和沟通效率对你的重要性怎样？（1~10分）

当你转变领导方式后，员工更多地参与，同时你也拥有掌控感和高的沟通效率，那是什么样的状态？

为了达成这样的状态，成功的关键因素是什么？

什么样的策略和方式有利于结果达成？你将会采取什么行动？

价值观

自诚明，谓之性，自明诚，谓之教。

——《中庸》

第一节
价 值 观 概 论

目标是方向，价值观是动力，价值观是人们认知事物的一种思维或取向，是一个人对周围客观事物（包括人、事、物）的意义、重要性的总评价和总看法。一个人的价值观就是坚信在工作或生活方面那些最重要的事情，价值观是什么对你很重要。

一、价值观基本理论

1. 价值观的意义

价值观对人们自身行为的导向起着非常重要的作用，决定人的自我认识，直接影响和决定一个人的理想、信念、生活目标和追求的方向。在同样的客观条件下，具有不同价值观的人，其动机模式不同，产生的行为也不相同，只有那些经过价值判断被认为是值得的，才能转换为行为的动机，并以此为目标引导人们的行为。个人的价值观会决定自身对事情的优先排序，也是用来衡量自身是否活在想要的生活道路上的标准。当个人做的事情或行为符合自身的价值观，就会感到满意和满足，当不符合时，就会感到什么地方有问题。价值观是幸福感、满足感的来源。认知到价值观的存在并了解自己的价值观，可以更有效地做出决策和取舍。

一个人的选择与内在的价值观有时不一致，不能"合一"，可能受外界环境因素或诱惑的影响。每个人都有自己不同的价值观，但价值观与原则越接近，即越接近"道"，结果可能就越好，其行为受其价值观的驱动，但结果受原则或法则控制，有时人的行为带来的结果与其期望的结果不一致，完全"合一"较少，人们在生命的旅程中不断觉察自己的行为意图，调整自己趋向"合一"。

2. 价值观与自我实现

教练的一个重要目的之一是支持被辅导者自我实现，一个自我实现的生命是有意义、有目的、有满足感的生命。自我实现就是为了我们活得充实，就是完整地展现我们是谁，我们的愿景是什么，我们做了什么正确的事情。一个人这种内在的自我实现的渴望会帮助他在变幻莫测的环境中不被吹得东倒西歪，找到前进的方向。一个自我实现的管理者会有坚定的信念，做出更为大局、利他的决定。

自我实现不是一个点，而是一个过程。人们了解自己的价值观和愿景，不断追求自己的愿景，尊重自己的价值观，坚持价值观的言行一致，在环境中体现自己的价值观，在充满行动的生活中做出自觉选择，与追求的愿景相一致。基于最重要价值观做出的选择是更能自我实现的决定。但这个过程不容易。

现实中，人们的视听言行很多时候受到外界的影响，如我们可能关注自己拥有什么，没有什么，看到差距后就向外寻找一些事物来缩小这种差距，如拥有更多的财富，更贵的车子，更大的房子等，而拥有这些东西的满足感往往是短暂的，一旦得到某种东西之后惊喜感逐渐消退。一个人对外在物质的追求合情合理、无可厚非，如果过于受到外在因素的影响，人云亦云，把全部身心投入到外在对象的追求中，不是源于本心，这可能造成我们自我身心的脱节。

我们的思考习惯也往往让我们较少向内看，思考自己的价值观、使命和愿景，内在的声音变得微弱，人们以为对外在名利的追逐就是身心的满足，长此以往，这种不和谐的状态会让我们付出代价。

二、价值观的类型

社会心理学家罗基奇（Milton Rokeach）于1973年提出价值系统理论，他认为各种价值观是按一定的逻辑意义联结在一起的，它们按一定的结构层次或价值系统而存在。他提出了两类价值观：一是终极性价值观。用以表示存在的理想化终极状态或结果，包含的内容有：舒适的生活、振奋的生活、成就感、和平的世界、美丽的世界、平等、家庭保障、自由、幸福、内心平静、成熟的爱、国家安全、享乐、灵魂得到拯救、自尊、社会承认、真正的友谊、智慧。

二是工具性价值观。其是达到理想化终极状态所采用的行为方式或手段，包含的内容有：有抱负、心胸宽广、有才能、快活、整洁、勇敢、助人、诚实、富于想象、独立、有理智、有逻辑性、钟情、顺从、有修养、负责任、自控、仁慈。

终极性价值观，不是为了什么，找到了这些，一个人内心是稳定的，具有满足感，大多数人终极性价值观是相似的，如爱、自由、成就感等；而工具型价值观是相对暂时的，是容易变的，个体差异化较大。如果一个人过于专注执着于工具价值观，并用这些来满足自己的需求，就可能失去安全感，内心得不到满足。例如，对财富的追求，表面看来财富是这个人非常看重的，而财富不是核心价值观，不是一个人追求的终极目标，有时一个人在追求工具价值的时候，忽视了对其生命更重要的、真正追求的东西，也会带来满足感的缺失。

了解自己的价值观并不断聆听，跟随内心的声音，将有助于一个人的内心更为丰盛、满足，更有激情，并给他人、环境带来价值和贡献。表7-1是整理的一些价值观清单，以供参考。

表7-1　价值观清单

1. 成就	14. 坚定/果断	27. 善良	40. 宗教
2. 冒险	15. 公平	28. 知识	41. 尊重
3. 权威/权力	16. 信心	29. 领导力	42. 责任
4. 自由/自主	17. 声誉	30. 学习	43. 安全
5. 平衡	18. 友谊	31. 爱	44. 自尊
6. 美	19. 好玩	32. 忠诚	45. 服务
7. 自信	20. 成长	33. 有意义的工作	46. 精神
8. 同情心	21. 快乐	34. 开放	47. 稳定
9. 挑战	22. 诚实	35. 乐观	48. 成功
10. 能力	23. 幽默	36. 和平	49. 地位
11. 贡献	24. 有影响力	37. 喜悦	50. 值得信任
12. 创造力	25. 内在的和谐	38. 流行/受欢迎	51. 财富
13. 好奇心	26. 正义	39. 认可	52. 智慧

注：1. 你认为最重要的 5 个价值观是什么？

2. 你对该价值观的定义分别是什么？

3. 这些价值观对你工作和生活的意义是什么？

第二节

价值观探索的方式

探索价值观的方式有很多，提问是重要的方式，"为什么"的问题会使我们更加清晰什么对我们是重要的。

下面是笔者在实践中常用的方式，供大家参考。

一、关键时刻法

请被辅导者分别找一个工作和生活方面的例子，共同探索。

最开心的时刻

你最开心的时刻是什么？

是什么让你开心？用 3~5 个词来描述。

那时你跟他人一起吗？跟谁？

还有什么因素使得你那么开心？用词来描述。

最幸福、满足的时刻

在这个时刻，什么是最重要的？

是什么让你感觉幸福和满足？

你的哪些渴望或需求被满足了？

被满足的感受对你生命的意义是什么？为什么重要？

还有什么因素带给你那个时刻的幸福体验？

最骄傲的时刻

为什么你感觉到骄傲？

有其他人分享你的骄傲时刻吗？是谁？

还有什么因素让你在那个时刻感到骄傲？

最压抑 / 痛苦的时刻（回顾往事，让你感到压抑、困惑、痛苦的事情）

在那个时刻，发生了什么？是什么让你压抑？困惑？痛苦？

你的哪些渴望 / 需求没有被满足？

你最想要什么？请用 3 个词来描述？

除了你的生活基本需求，在生活中，为了生活幸福满足，什么是你必须拥有的？

你最讨厌的人的特点是什么？用 1~3 个词描绘他们的反义词是什么？

二、模拟情景法

如果把你放在一个荒岛上长时间生活，你会带哪 5 件东西？

为什么这些东西重要？

当你交朋友时，你特别希望他 / 她具备什么品质？ 为什么这些品质是重要的？

假如一天你作为一种动物来生活，你最想成为什么动物？为什么？ 成为这个动物对你重要的是什么？

假如一天你作为一种大树生活，你最想成为什么种类的大树？为什么？成为这种树对你重要的是什么？

在你 80 岁的生日宴会上，你想告诉你的孩子们这一生你学到的 3 个最重要的东西，它们是什么？为什么是重要的？

在你 80 岁的生日宴会上，你邀请了你生命中最在乎的亲人、朋友或同事，他们会给你一些评价，你最希望他们说什么？

在你 80 岁的生日宴会上，回顾反思自己的一生，你对自己的评价是什么？

三、榜样参照法

曾经能够激励你、对你领导能力和信念有影响的人有哪些？

列出榜样清单：想 3 位你非常尊敬 / 崇敬的领导者，根据榜样清单中的每一位领导者，提问：

这个人给你印象深刻的一个品质是什么？让你最敬佩的一个品质是什么？

他们做过什么让你受到激励？

你最欣赏他们的品质是什么？用 3 个词描述。

关于领导力，你从他们身上学到什么？

列出领导力品质清单：即驱动该领导行为的价值观。

四、价值观排序法

当你做决策和选择时，每一个选择都可能匹配或满足不同的价值，清晰了解哪些价值对自己是最重要的（对决策的速度和效果至关重要），特别是当一个人难以取舍时。

1. 通过价值观探索的方式或价值观清单，选择 8~10 个最重要的价值观选项

在生活中，你最想要的是什么？

在家庭中，你最想要的是什么？

在职业中，对你最重要的是什么？

就 _____ 事而言，你认为什么对你是重要的？

这对你意味着什么？这样做你希望得到什么？

你未来 5~10 年的目标是什么？希望得到什么？为什么它重要？

想象一下，当你拥有了 _____ 的时候，你会得到什么？

实现了此目标你会得到什么？

2. 将这 8~10 个重要选项放在生命轮（见图 7-1）中，通过提问确定它们的优先顺序

为什么拥有它对你是重要的？重要程度如何？

依据每一个价值项对你的重要程度，为它们分别打分。（1~10 分，10 分代表至关重要，1 分为完全不重要）

生命平衡轮

图 7-1　生命平衡轮

3. 探索最重要的价值观

你可以从前两个分数最高的价值观开始并提问：如果有一个对你来说是最重要的，拥有它会让你更满足，你会选哪一个？

你也可以运用情景实例的方式，如你在比较"服务"和"安全"哪一个更重要，你可以想象你必须做出一个决定，卖掉你的房子去到另一个城市／国家去做非常有价值的助人工作，或保住你的房子并在离家近的地方去做义工或慈善，来检视自己的选择。

通过比较每两个价值观，直到最后得到一个对你来说符合内心的价值观排序。

五、价值观确认

进一步核实你的前 3~5 个价值观，确保它们与你的生活和你的愿景的一致性：

这几个价值观的满足是否让你真的感觉很好？

你为你前三个价值观感到骄傲吗？

你是否很愿意并骄傲地将你的价值观告诉你尊敬／崇敬的人？

依据价值观做出决策并不那么容易，当我们不断地承诺履行自己的价值观时，生活就会更加幸福和富足。

案例

王先生是一家全球公司的技术专家，近50岁，名校毕业，工作近30年一直从事技术方面的事情，生活安逸满足。但他有时也很困惑，老同学或同事相聚时，他发现有的同学晋升为不同公司的高级管理者，有的同学在一线城市有多套住房，这让王先生心里不平静了。"我是落伍了？我是该像他们一样积极拼搏呢还是像现在这样知足安逸呢？我应该过怎样的生活呢？"我与王先生一起进行探索：

当你内心不平静、困惑的时候，你内心渴望的是什么？

你对自己的期待是什么？

这种困惑或不平静会持续多长时间？对你的生活带来什么影响？

假如没有任何局限，你希望过一种什么样的生活？为什么？

假如没有任何局限，你希望自己的职业发展是怎样的？为什么？

当你60岁退休时，你邀请了你非常在乎的同事、朋友聚会，你希望在他们心中留下什么印象？你希望他们对你的评价是什么？

哪些因素对你的生活幸福是至关重要的？还有什么？请描述。

为什么他们对你最重要？

如果只能留下3个方面事项，其他的舍去，你会留下哪3个？

生活中为了得到对你最重要的方面，跟随你的内心，你需要放下些什么？

你对现在的工作和生活状态满意程度怎样？（1~10分）

为了让自己的生活更为幸福满足，你希望多做些什么？少做些什么？

第八章

厘清/
认知现状

知人者智，自知者明，

胜人者有力，自胜者强。

——《道德经》

教练支持被辅导者达成目标的重要步骤之一是厘清现状，清楚自己在哪里。清晰、客观地看到、觉察到自己的想法，行为，阻碍目标达成的障碍及可能的资源。检视现状的重要标准是确保尽可能客观。由于人们的主观意见、假设、偏见、评判、担忧、期望等因素使得认为的现状不够客观，可能是内心的想象或假设。这就直接影响到如何针对性地探索创造性的解决方案。

帮助客户尽可能客观觉察到现状和环境，对教练和被辅导者都非常关键。教练由于个人主观看问题视角或评价也会影响客户对环境觉察的客观性，前面提到教练无评判的状态对教练成功是非常关键的。教练可以通过以下方式支持客户厘清现状。

第一节
讨 论 法

教练与被辅导者互动沟通，通过提问的方式帮助被辅导者更清晰地了解自己、事件及环境。

一、了解自己能力和潜力

回顾过去你成功应对一个较大的挑战，什么使你获得成功？

观察回顾以往的成功业绩，哪些技能使自己获得了成功？

你的能力优势是什么？举例说明。

这些优势应如何利用？缺乏哪些技能？什么将是你未来发展的最大障碍？

你希望提升的能力是什么？为什么提升该能力对你的发展很重要？

你从曾经的职业测评中关于你的个性、能力和潜力方面有哪些新的了解？

从过去的测评或反馈中，别人如何评价？认为你的优势是什么？你需要提升／改进的地方是什么？

你在多大程度上了解你的重要利益关系人是怎么看你的？

你最尊敬／崇敬的领导／朋友／同事／家人是谁？他认为你最适合做什么工作？为什么？

这些看法与你自己的有什么不同？对你意味着什么？

你做些什么可以使你对自己的能力有更客观的了解和认知？

二、觉察事件

你遇到的挑战是什么？问题是什么？

哪些原因造成这个问题？主观原因是什么？客观原因是什么？

这些原因是你认为的还是真实存在的？

别人的看法是怎样的？你的上级领导呢？你的同事呢？

你的目标是什么？是什么妨碍了你实现目标？

这个问题涉及哪些人？解决问题对他们的影响是什么？他们对问题解决的影响是什么？

这对你的影响是什么？

到目前为止，你采取过哪些方式来解决问题？这些方式的效果怎样？

哪些方式对结果有效？哪些方式对结果无效？

你个人的改变对结果的影响程度如何？

你拥有哪些资源？你还需要什么资源？

第二节

测 评 法

测评工具经常被用于教练开始阶段，帮助被辅导者了解自己的优势潜能、局限短板，通过专业的测评工具，客户更清晰自己平时未意识到的优势和盲点，对制订进一步的发展计划提供依据。笔者在教练过程中通常采用两种类型，即心理学个性潜质测评和 360 行为能力测评。

一、测评工具

1. 心理学个性潜质测评

该类型测评主要是基于常模，在若干个相关测评维度上的百分位。例如，在领导力教练中常用的 Hogan 测评，它包括 3 个方面的数据。

（1）领导者潜质报告：由 7 个关键的领导者潜质组成，通过 7 个方面的分数，被辅导者更加了解自己作为管理者的优势潜质及可能需要觉察注意的地方；

（2）领导者挑战或风险报告：包括 11 项对领导者效能有重要影响，而领导者可能无意识出现的风险行为；

（3）领导者价值观和偏好报告：包括 10 项领导者的价值观，从而了解该领导者偏好什么性质的工作？在工作中最在乎什么？什么样的工作环境最能使其发挥优势？倾向为团队创造什么样的文化？

该类测评工具也可以用 HBDI、MBTI、DISC、Birkman 领导报告等。很多人问，市场上这么多工具，选哪一个更好呢？笔者认为所有的经典测评工具都有其较高的信度和效度，选哪一个主要基于你的目的，用于什么方面及投入的资源等。教练由于其背景不同对测评工具的选择使用也有其偏好。

2. 360 行为能力测评

360 测评是针对管理者需要的重要能力和行为，通过其周围重要利益关系人（上级、下属、同事、客户）根据其平时互动过程的观察给其相应能力打分。这会帮助被辅导者看到自己和他人对其能力和表现评价的高低及差异，使其看到自己的盲点并创造机会与利益关系人沟通和征求进一步的反馈。

有时 360 测评操作复杂，教练也可以通过 360 访谈的方式了解被辅导员的现状，通过访谈其重要的利益关系人，收集对方对被辅导者的观察信息，然后再给其反馈，帮助其更客观地了解自己的优势和盲点。以下访谈提纲供参考：

针对该管理者，为了有效承担其角色责任和使命，其成功的关键要素是什么？为什么重要？

根据你与他 / 她的合作互动过程中，你对他 / 她在 ＿＿＿＿ 方面的表现总体评价是怎样？（1~10 分）

你认为他 / 她表现优异的地方是什么？为什么？请描述。有给过对方反馈吗？

你认为他 / 她需要改变提升的地方是什么？为什么？请描述。如果她 / 他在这方面有提升，对他 / 她的角色成功有怎样的影响？有给过对方反馈吗？

你最希望他／她参加教练项目在哪些方面有提升改变？你还有什么建议？

二、测评结果的应用

笔者观察有些被辅导者对自己的测评结果很好奇，很想了解测评报告内容，看是否跟自己的想法一致，随后就束之高阁，没有采取行动运用结果内容于个人的工作、生活或职业发展。因而，在教练过程中，测评结果需要有反馈环节并制订进一步的发展计划，以提升其自我认知。

1. 反馈的目的和流程

反馈的目的

提升客户关于个人行为的自我觉察和认知；

探讨并强化被辅导者的优势，提升其自信和自尊；

明确并共识需要提升的领域；

提升改变的紧迫感、动机和积极性；

为下一步发展行动制定计划。

反馈流程

创建一个轻松、没有评判、信任的环境氛围；

了解对方工作目标及遇到的挑战；

明确对方所承担角色的成功因素；

提供机会让教练对象自我评估（优势能力及品质，需要改进突破之处）；

分享测评报告中的相关信息；

连接教练对象的角色，个人体会和情境探索其相对优势和局限性，进一步觉察个人的盲点；

探讨其优势和局限性对其角色成功／职业发展目标带来的影响；

明确进一步发挥优势的行动；

明确并聚焦其 2~3 项关键发展领域。

2. 创建有效反馈的氛围

当被辅导者接受建设性反馈时，有时感觉是被批评，可能会震惊、愤怒而拒绝接受帮助，但当对方感觉到安全时，就会冷静开放地看待改善的方面，改变就开始了。因此创建安全、信任的氛围非常关键。

优秀的教练给予反馈时需要表现出平衡勇气和体谅，有助于建立与被辅导的信任；勇气就是教练有能力坦诚说出自己的想法感受；体谅是指教练真正关心对方，询问当事人对反馈数据的理解和看法，他们的目标，诉求。教练需要更多的看到被辅导者的潜力，而不仅仅是他们过去的表现；特别是当你面对一个人内心深处的自我时，你踏上了一片神圣的净土，要表现充满敬意和谦恭，并愿意提供帮助，明确描述你观察到的东西，确定发生的情境，帮助被辅导者看清大局和整体，用对其事业发展最有利的方式构架大局，扩大对方的意识范围和选择范围，着眼于未来。

教练可以提出一些问题与被辅导者一起探索：

反馈的目的是什么？为什么重要？

从这份数据中看到什么？

哪个部分让你最关注？

从你的反馈数据中得到什么重要信息？

你觉得在什么方面最具优势？

这些优势对你的工作成功有哪些支持？

有哪些人际关系需要改善？为什么？

看到这些数据，哪个领域让你最为关注？

如果维持不变会给你带来什么影响？

对于最重要的下一步，你有什么看法？

如果你只能选择1~2条做出改变，你会选什么？

你认为那一个改变需要立即执行？

在接下来的3个月，你想改变什么？

根据你的计划，你如何衡量你的成功？

什么样的里程碑代表你的进步？

第三节
个 人 发 展 计 划

　　教练会与被辅导者通过沟通探讨，依据所发现的问题、需要和机会，探索聚焦关键发展领域，并明确具体的策略和改进行动。Corporate Leadership Council 在 2007 年研究提出管理者提升能力改变行为的 3E 策略帮助制订有效的个人发展计划：工作实践（Experience）：积累新的经验，承担新的角色，接受挑战性的任务及特殊的项目，自我监督或实践；互动反思（Exposure）：回顾并向他人学习［如教练、榜样（role models）、导师（mentors）、兴趣小组］；教育培训（Education）：提升新的技能，知识水平（如阅读、培训）。

　　教练支持被辅导者在教练过程中完成并运用个人发展计划跟踪自己的成长和进步，一个有效的个人发展计划包含以下事项（见表 8-1）。

表8-1　个人发展计划题纲

个人背景信息；
未来的目标和愿望（我对事业发展的长期愿景目标是什么？在未来 1~3 年我希望承担的角色／责任是什么？）
个人洞察（我的价值观——在工作中对我最重要的是什么，我最在乎什么？我对自己有哪些了解？什么东西在帮助或阻碍着我的成效？）
3~5 个关键优势是什么？
进一步发挥优势的行动计划是什么？
2~3 个改进提升领域，及改进后对工作和职业发展的意义和价值；
提升改进领域的预期目标和成功标准；
提升改进的策略和行动（工作实践，互动反思，教育培训）；
具体行动的时间表；
谁需要参与这个发展过程；
需要的支持和资源。

个人发展计划样板参考见表 8-2：

表8-2　个人发展计划

被辅导者姓名：		日期：		经理	
部门：		目前职位		上一次会谈时间：	
职业目标	短期 (0-1.5 Years)			长期 (1.5+ Years)	
Criteria for Success 成功的标准（成功承担 目标角色/任务需要的 能力和素质）					
My Strength　我的优势			My Development Opportunities 我的发展领域		

	Development Focus/Needs 我的发展提升目标 Specific skill/ behavior selected as a focus 具体的技能和行为	Strategies and Action Steps Education: Training; Exposure: Coaching or Mentoring; Experience: On-the-job assignment 发展策略和行动步骤	Timing 时间	Resources needed 需要的资源	Criteria for Success 成功的标准
1		教育培训Education：			
		互动反思Exposure：			
		工作实践Experience：			
2		教育培训Education：			
		互动反思Exposure：			
		工作实践Experience			
3		教育培训Education			
		互动反思Exposure			
		工作实践Experience			

探索策略与行动

第九章

知行合一，知是行的主意，行是知的功夫，
知是行之始，行是知之成。

——王阳明

在教练过程中，教练需要支持被辅导者探索达成目标的策略和行动，而新的策略和行动源于教练对象拥有不同的视角、不同的信念，放下过去阻碍自己的经验和习惯，对未来更为开放。也需要对目标更有信心、更有动力，更有勇气采取行动。作为教练，当被辅导者提出问题或挑战时，有时会有快速帮助对方解决问题的冲动，直接进入与被辅导者开始探索的行动，却忽视了承担解决问题的这个人。优秀的教练会透过被辅导者提出的问题，通过提问让他对自己产生好奇，相信自己的智慧和潜力，向自己的处境学习。麻省理工学院的奥托夏莫博士在他所著的《U型理论》中提到："每个人都有两个自我，一个是过去旅程中形成的我，一个是未来潜在的我，成为哪一个取决于我们现在的选择和行动；当人们将自身视为被观察系统的一部分，系统不再是外在而是内在，意识到自己是问题的一部分，人们才可能与他人产生更深的链接，向新事物敞开，敞开心灵，愿意进入未知的领域，并全身心的投入探索，从评判转入好奇提出问题'我能做什么？'"

有时被辅导者遇到的问题可能与其想法和看法有关，道格拉斯·斯通在所著的《高难度谈话》中谈道，遇到人际方面的问题时，人们内心发生了什么：

我们注意到的事物和获得的信息不一样，同时我们对信息的理解和诠释的故事各不相同；

我们的结论往往体现自身利益，我们限制了自己，只看到有限的范围和选择；

我们都认为问题出在对方身上；我们看不清自己在问题中的角色，问题也有我们的责任；我们有时动机变得模糊，忘记了真正想要的东西。

因此，与教练对象探索策略行动过程中，会涉及其当下的行动和视角，价值观和信念，内在的动力和渴望，创造力与逻辑思考等。一般教练会谈 60%~80% 的时间是与教练对象共同探索。在探索解决方案的过程中，以下五个策略供大家参考。

第一节
逻 辑 树

被辅导者设定了目标，开始探索达成目标的方式，找到一些策略和方法，但对这些方式是否能够有力支持目标达成的信心不足，因而欠缺实施的驱动力。逻辑树可以帮助被辅导者找出支持目标实现的所有必要步骤和行动，并厘清每一步行动与目标的关系。

一、步　骤

逻辑树的步骤见图 9-1。

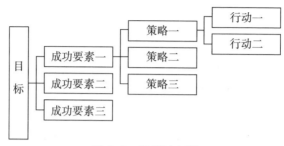

图 9-1　逻辑树步骤

（1）确定教练对象期望达成的目标。

你希望通过教练最想达成的目标是什么？为什么它对你重要？

如果没有达成，对你的影响是什么？

请用一句话清晰描述你的期望目标，尽可能具体。

（2）探索实现目标的必要成功要素和策略。

要实现这个目标，成功的关键因素是什么？

哪些是事情是必须完成的才可能支持到这个目标的实现？

还有什么是必须完成的？

（3）将上面探索的要素和事项进一步分解，针对每一个必须完成的行动进行下一级探索。

要成功的完成这一项，哪些事情是必须完成的才可能支持到这一事项的成功完成？

还有什么是必须完成的？

完成这个需要什么能力？需要什么资源？

（4）重复上述的流程，以此类推，将每一个事项进行分解到今天可以采取的行动。

为了完成这个事项，今天可以采取的行动是什么？

这个行动对上一级事项的完成带来的影响如何？

（5）设定时间并回顾整个流程。

你计划需要多长时间完成这个？那个？

需要的资源是什么？如何获得？

当这些完成了，对你开始设定的预期目标的达成影响程度如何？

与教练对象不断回顾行动完成情况及与目标的关系。

二、逻辑树策略案例：领导能力的提升

案例

王先生刚被提升为公司业务总监，他的上级领导观察到，他属于结果导向型的人，就事论事，沟通时常常忽略下属和其他部门的感受，虽然王先生的愿望是好的、主要是为了组织的利益，但互动方式让他人感觉很难与其合作。公司希望他在人际领导力方面有所提升，能更有效地承担新的角色。

教练：为了在新的角色上更有效、成功，你现在遇到的主要挑战是什么？

王先生：这个团队多数人不是我招聘的，他们有些人很安于现状，我跟他们讲，如果想按时下班，就不用干业务，可以去行政办公室工作。别的部门也很本位，遇到问题也不太配合。

教练：听起来在新的角色上有不小的挑战，感觉你很有勇气和信心来克服困难，这是一个领导者非常优秀的品质。面对这些挑战，你对目前你的应对/管理方式的有效性/满意度如何？

王先生：我也知道作为领导不仅要关注业务，还要考虑人员的感受，但结果还是不太好。

教练：面对这些挑战及你的应对方式，其他人给过你什么反馈？你的老板？HR？其他人？

王先生：我的老板和HR都希望我更善于用人，不仅是本部门的人，完成任务没有他们的支持是不可能的。

教练：基于他们的反馈和你个人的发现，你最想改进突破的方面是什么？

王先生：领导的角色就是与人打交道，如何更好地提升人际方面的领导能力。

教练：哪些衡量标准达成说明你的人际领导能力提升了？什么时间？

王先生：我希望员工表现更积极，有紧急业务需要完成时愿意加班加点；

当我提出需要跨部门同事协作时，能够赢得认同和支持。

教练：请描述你希望达成的目标。

王先生：我希望在未来3个月，员工对工作更加积极投入，同事之间有信任并愿意支持协作。

教练：让我们运用逻辑树的方式一起探讨，为了达成这个目标，什么是一级的成功因素？

王先生：目标和期望清晰明确；员工感到重要并有动力；同事之间相互信任并对共同目标有紧迫感。

教练：让我们看第二级策略，在员工感到重要并有动力方面，你作为领导需要展现哪些技能和行为促进达成这一目标？（需要针对每一个因素进行探讨）

王先生：盘点了解这个团队的需求和担忧；合适的人放在合适的地方；沟通目标及实现后对个人和组织的影响；认可员工并确保有适宜的奖励措施。

教练：再看下一级策略：针对盘点团队，你需要做什么才可以了解这个团队并将合适的人放在合适的地方？

王先生：回顾一下团队的信息记录，找一些代表性的员工一对一沟通，根据他们的个性价值观、能力优势在团队内部针对性安排任务提升积极性。

教练：下一周你希望采取哪些行动？需要什么帮助？如果你采取了这个行动，带来的直接结果是什么？对你的期望目标有什么影响？

……

第二节
换框法

我们对于事件的解释和体验是受自己观察角度和背景影响的，思维框架决定我们"看"或理解某一事件，影响我们体验和解释某一环境的方式。《U型理论》的作者奥托博士提出，如果不能在自己心中增加别人的视角，就无法解决复杂的问题。脱掉自己的鞋子，穿上他人的鞋子，去感受别人的感受，用自己的眼睛去看别人看见的东西。U型理论也强调，特别是针对社会人际复杂性高的问题，如果不能站在他人的视角看待事物，只根据自己看到的进行评判或行动时，往往得不到对方的赞同和协助，甚至导致关系恶化。能够站在他人的视角，也被视为一个人的成长。换框就是指，通过更换一个不同的框架和背景帮助被辅导者转换观察的角度，看到更大的画面，可帮助对方从不同的角度看待挑战，从他人的角度、未来的角度、不同事物的角度等，这样将获得更多关于如何解决该情形的选择方案，并采取更好的选择和行动。

一、换框矩阵：从不同的维度看问题 / 挑战

问题 / 挑战陈述位于矩阵中央（见表 9-1）。每个方框代表一种可采用的不同视角。这些视角的选择可以包括：拓展（更具战略性）、拓宽（横向视角）、聚焦，更加具体（如计划和执行）；人员：高层领导者、经理、同僚、直接下属；价值链中的职能（销售、营销、产品开发等）；客户、价值链、供应商、竞争对手。

表9-1　换框矩阵

产品角度	人员视角（上级，同事，下属）
我们的产品怎么样？	他们怎么看？给我们的反馈是什么？
技术的吸引度如何？	我们的优势是什么？
产品价格怎样	我们的不足是什么
问题陈述	
计划或资源	客户怎么看？
我们希望将我们的产品 / 市场提升到怎样的水平？	他们信任我们的产品吗？
	为什么他们选择我们的产品？
我们如何提升	为什么他们选择其他产品

二、结果导向思维

人们经常会被困在当下的挑战中，看到更多的是困难、障碍和不可能性，让自己没有能量、勇气前行。以结果为导向，发现挑战的积极面并陈述，从"不想要什么"到"想要什么"（见表9-2）。

表9-2　结果导向例句

困惑	结果导向思维
主意很好，恐怕我们经理不会同意	你想要的结果是什么？ 得到经理的同意对你重要吗？ 如果让经理同意这个想法，你可以做些什么呢
我试了很多次但没有成功	你从多次的尝试中学到了什么经验？ 如何在未来的工作中运用这些经验
我们没有资源，让我们怎么激励员工	你想要的结果是什么？ 你怎样知道期望结果达成了？ 你可以做些什么能够帮助你获得你期望的结果？ 还可以做些什么
员工说的很好，但结果总是达不成预期	基于现实情况，你最期待怎样的结果？ 你怎样知道是否达成了你期望的结果？ 你可以做些什么帮助你取得期望结果
有位员工总是我行我素，很难管理	你希望你与员工互动的状态是怎样的？　为什么？ 这种状态对你团队、组织目标的价值是什么？ 设想将来需要达到的状态。描述未来状态的画面。 你可以做些什么帮助你达到这样的结果

换框问题可以通过多种方法。换框的精髓是你可以保持原来问题的目的或意图，但可改变一些思考的方式，感知到原来问题的正面意图或看到一个事情的积极正向的一面，如看似员工抱怨，实则有内心的渴望。运用词语的变化，将限制性的词语转换为其他不同观点的词进行描述。例如，"这个人很固执"转变为"这个人很坚定"；"那个人很苛刻"转变为"那个人要求很严格，很负责任"。当看到了事物的不同面，带来的感受也就不同。

三、感知位置

转换看问题角度是一个有效的方式，帮助被辅导者从不同的角度观察自己和人际关系。当被辅导者更清楚与周围人的关系时，会更有效地进行转变和建立关系。在位置转换的过程中，即使其他人在很多方面与他不同，被辅导者也会从不同角度理解对方，理解他人的能力源于我们共享的人性。感知位置法可以给被辅导者带来有价值的洞察力，帮助被辅导者尽可能地去了解其他人到底是怎样看待世界的。

案例

情境：改善人际关系

一位朋友，她与合伙人共同创建的公司已有5年，但最近由于双方就公司下一步发展的步调及方式出现了分歧和矛盾，双方沟通风格各异，这位朋友意欲离开，但又不甘心，找到我看看怎么办？

我们暂且称她为王女士，她的合伙人为张女士，运用位置转换法（不同位置，王A，张B，第三人C）

1. 让王坐在自己的位置上，我问到：

（1）你的目标的是什么？希望什么样的结果对你是重要的？

（2）你最关注什么？你做过什么来实现你的目标？

（3）你怎么看待对方？你对张的期待是什么？你想跟对方讲什么话？

2. 王坐在张的位置上

（1）根据你的了解，猜测你的合伙人张的心理状态和说话方式，进入张的心理和情感状态。

（2）你的目标的是什么？希望什么样的结果对你是重要的？

（3）什么对你是重要的？你最关注什么？你做过什么来实现你的目标？

（4）你怎么看待王？对王的期待是什么？你想跟王说些什么？

3. 王坐在C位置上（抽离于自己和张的位置，同时又能清晰观察到自

己和张的状态）

（1）你在自己位置上看到什么？感受到什么？

（2）你在张的位置上看到什么？感受到什么？

（3）两个人意见不一致的地方是什么？你的发现是什么？

（4）你会给王（自己）位置的人什么建议更有利于达成其目标？

4. 王回到王的位置

（1）你从 C 位置上接受了哪些建议？

（2）下一步你与合伙人合作，你会怎么做？带来什么结果？

（3）在三个不同位置的体验是什么？你的收获和学习是什么？

后来王女士与其合伙人继续合作，双方更为真诚，更理解对方，尽管仍有分歧，但共同商议探讨面对她们的未来。

第三节
借 力 法

当被辅导者卡住，想不出方法，就像被困在一个盒子里出不来时，教练可先帮助对方澄清现状及真正的障碍。通过借力法拓展思维，帮助被辅导者感觉到实现目标更大的可能性并找到创造性的方法。

一、借自己之力（自己的现在、过去和未来）

在你过去的经历中，是什么真正的激发你？最大的成就是什么？拥有哪些优势和优秀的品质？

一个拥有这样优势和品质的人，遇到这个问题会如何做？

回想一下，过去曾经遇到过类似的情境，你成功的克服了困难，当时你是怎么做的？你从中学到了什么？

那次成功的经历积累了哪些经验？如何运用当时的经验解决当下的问题？

当你是一个 5 岁小孩时，遇到这个问题，会如何做？

当你 60/80 岁时，再考虑这个问题，你有什么想法？

10 年后回顾这个情况时，你会怎么想？

二、借他人之力

想象一个你最崇敬的领导／榜样，当他遇到这个问题时，会怎么想？会如何做？他会给你什么建议？

想象你曾遇到的一个人，他总是能够游刃有余的处理这样的问题，他是怎么做的？你学到了什么？

假如在一个专业顾问的帮助下，你成功地找到了达成目标的方法，并取得你期望的结果，你做了什么让你成功的？

三、赋　能

被辅导者有时被现状所困，有的是客观现实，但更多地是被自己认为的现实困住了。我们通常基于我们的有限了解、观察来判定客观情况，并认为这就是事实，感觉困难重重，无法前行。笔者曾经遇到一位被辅导者，他是在高科技行业公司负责销售团队，最让他困惑的是对于上级下达的业务增长指标他认为不合理，也根本完不成，感觉公司／上级领导不了解市场环境，这样他也没有信心与员工沟通业务目标，他猜想员工也肯定认为这样的指标是不可能完成的。我们一起进行了探讨。

你认为是否有可能通过大家的努力到年底比你想象能够完成的指标更好一些？

我们经常用过去预测未来，而你无法预测，你愿意挑战自己，相信它是可以实现的吗？

假设我们穿越到年底了，你和你的团队共同努力已经完成了预期的指标，你的感受是什么？你看到了什么？听到了什么？这给你带来了什么？

假如你们年底已经完成了指标，发生了什么？是什么带来了这个不同？成功的关键因素是什么？

想象一下，如果能成功，你需要采取的关键行动是什么？可能的解决方案是什么？

假如你与员工沟通后，员工也更有信心和激情来完成这个指标，你会如何沟通？

四、增加影响力

有时候被辅导者面对挑战和问题时，感觉无能为力，不断地叙述环境的问题、他人的问题，期望只有他人或环境的改变才能让现状有所突破。被辅导者好像被无形的障碍困住，无法跳出。这时帮助被辅导者跨域障碍，转换思维，意识到自己的想法和做法也是问题的一部分，转变自己是解决问题的最佳方式，并感觉自己有能力让结果有所改变。可以参考以下问题来启发被辅导者。

是什么阻碍你实现这一目标？

你认为你的努力对结果影响不大，真的是这样吗？

假如可以通过改变自己来改变现状，你会做什么？

假设你才是决策者，你完全可以影响现状的改变，你对结果的影响是举足轻重的，你会怎么做？

假如其他人无能为力，你对结果有100%的影响力，你怎样以自己的方式改变现状？

假如眼前的问题是为了帮助你快速成长为领导型人才，你能从中发现什么机遇？

假如这一经历能成为你终身享用的财富，你如何把这个逆境变成自己的财富呢？

如果你相信自己能做到，你会做什么？

你认为改变很难，有可能吗？如果有可能，你想从哪里开始呢？

案例

情境：如何快速适应新的岗位

Felix 原来在重庆工作，承担公司销售总监，在半个月后将承担同一个集团下属的另一个业务单元的市场销售总监，他感觉会遇到很多变化和挑战。

Felix 描述了他的困惑：

新公司在成都，地域文化与重庆有差距，人脉关系也没有现在多；

将来管理的团队人数比原来多 50%，团队成员多数都是多年在这家公司工作，有自己的习惯和做法，我与他们不够了解，信任关系有待提高；

跨部门的支持和协作非常关键，我也担心与他们信任不高，得不到支持，同时还听说有些管理者和员工都是有关系背景的；

我的风格是直来直去，全心全意希望把事情做好，一切为了公司的利益，不愿意参与或卷入政治关系中，因此担心在新的环境中能否发挥我在该行业的多年经验，将策略在团队中贯彻实施。我运用什么管理风格才好呢？

教练的关键问题参考：

你现在最担心的是什么？

对未来的不确定性有担心，你听到周围人给你提供了很多信息，让你感觉新环境很复杂，你担心将发生的事情是客观存在的还是想象的？

在新的环境中，你期望的理想结果是什么？你怎样知道期望的结果发生了？

尽管可能会遇到挑战，假如你非常有信心并游刃有余地应对这些挑战，能够适应并有效实施你的运营策略，你会做什么？

你认为在新环境下成功的关键因素是什么？

你过去的哪些经验和优势技能可以运用在新的环境中帮助你成功？

请找一位你非常敬佩的业内资深人士，他有丰富的行业和高层转岗经验，假如你是他，你会给 Felix 什么建议让他能够快速在新的岗位上适应并有效地开展工作？

你从他给你的建议中学到了什么？

你的下一步行动是什么？

第四节
力场分析法

针对被辅导者当前遇到的现状及挑战，明确需要达成的目标和成果，力场分析法用于辨别推动力（帮助达到预期方向的因素或事项）和阻碍力（阻碍取得预期结果的因素或事项）。

一、力场分析策略

辨别所面临情况的当前状态和期望状态；集思广益找出推动力和约束力；识别最强的推动力和约束力；探索增强推动力和缩减约束力的方法，针对每一个阻碍的因素，如何提高促进因素的力量来克服阻碍因素；明确聚焦进一步的行动。

二、关键教练问题

你当前面临的主要挑战是什么？遇到的问题是什么？你最期望的结果是什么？达成结果对你的重要程度怎样？（1~10分）哪些力量有助于你达成期望的目标？还有什么？可增加哪些推动力？如何加强推动力？还有什

么方法？哪些力量阻止你达成目标？可消除哪些约束力？如何弱化阻力？如何提高促进因素的力量来克服阻碍因素？还有什么方法弱化阻力？下一步你希望采取什么行动支持你达成期望目标？

第五节
头脑风暴法

头脑风暴是一种强大而发散的思考方式，其目标是产生尽可能多的想法。在很多组织中会议和解决问题等方面应用普遍。最常见的情况是通过每个人分享思路，或以文字方式进行，但是，利用视觉语言（图片）能够获得更多的创意。在教练过程中，头脑风暴也是常用的方式，通过被辅导者与教练的共创，支持被辅导者找到达成目标的有效策略和方式。而有效实施头脑风暴，大家遵守一定的规则是确保有效的关键：推迟评判 / 聆听不评判；鼓励大胆而不受拘束的想法 / 没有错误或不好的想法；一次只提一个想法；以他人的想法为基础构思；勿偏离主题；采用可视方法；注重数量 / 有限的时间内越多越好。

定义头脑风暴的主题：明确需要解决的问题，问题具有挑战性，之前常规方式难以解决的。例如："人力资源招聘人员每周用 20 个小时尝试寻找正确的人，如何将时间减少到 5 个小时并达成同样的结果？"或"我们怎样以突破自我的方式销售产品呢？"

回顾头脑风暴规则。

在小组内或让被辅导者与教练共同进行，在头脑风暴过程中捕捉想法，可运用挂图，或者要求学员在每张记事贴上写下一个想法并贴在挂图或白板上。

促使大家获得尽可能多的想法（例如，10 个、15 个、30 个）释放每个人的想象力，利用这些想法重新赋予参与者提出想法的活力。

如果是会议的形式，可以分成小组讨论关键主题，然后在大组中分享。

过程中可运用换框法、借力法、场力分析法等来启发被辅导者想到更多的思路和方案。

案例

情境：提升下属的执行力

客户存在的问题：

James 在一家国际化快销行业的公司工作 10 年以上，一年前从区域销售总经理提升为业务总经理，主管公司的全国市场和销售工作。James 现在遇到的主要挑战是，团队的执行力未达到预期，影响到业务结果的达成。而执行力欠佳的原因，James 认为，主要是目前下属多为过去的同事，James 担心他们对自己的建议和提出的想法不认同，或能力不够。James 也采取了沟通、回顾等方式来提高执行力，但见效甚微，因此他希望在此方面有所突破改进。

教练点评：

James 在业务管理岗位上有多年的经历，积累了丰富的行业及管理经验，他关心员工，不希望员工掉队，给他们机会成长；在业务上，以目标为导向，指导、跟踪来推动目标达成。公司在不断变化，在业务模式和战略上有很多调整，员工多为在公司工作多年的老员工，在处理问题和视角上本能倾向于自己习惯或舒适的方式，这可能使执行力受到影响；同时James 带领一个原来是平级同事的下属团队，自身也欠缺自信，有一些内心的假设故事，这也可能影响到与团队的沟通和有效管理。在这种情况下，教练需要支持James 觉察到自己的限制性信念，个人的假设故事，更为自信的关注行为和结果；在组织变化的过程中，沟通方式和内容更需要员工的理解、认同和承诺，在目标执行过程中，更多的跟踪、回顾和支持将十分重要。

教练关键问题参考：

发生了什么让你专注这个议题，你所说的提升执行力指的是什么？

你最期望的结果是什么？发生什么你就认为团队的执行力提高了？你希望看到什么？

你现在提升执行力的做法是什么？效果怎样？

这时你的感受是什么？为什么？

是什么真正阻碍了团队的执行力提高？

是什么让你认为他们对你不认同？这是事实吗？有其他可能性吗？

你对他们的期待是什么？他们对你的期待是什么？你对自己的期待是什么？

让我们一起来看，为了达成你期望的结果，你认为有哪些有效的方式？还有什么？如果还有三个方式，他们可能是什么？

针对这件事，假如你是公司的CEO，作为CEO会给你哪些建议帮助你达成目标？你的领悟是什么？

针对这件事，我的补充是____，让我们一起看看这些好的方式，哪3~5个对达成你期望的结果是最有效且可以实施的？

未来1~2周你希望尝试做哪1~3件不同的事情？你的计划如何？

除了上面提到的逻辑树策略、换框法、借力法、力场分析法以及头脑风暴法5种方式，在与被辅导者探讨方案策略的过程中，还可以参考以下方法：

逆向思维法：明晰解决问题后希望获得的最终结果，并意识到达成结果是系统工程，可以干预系统中的每一个因素，当一个因素很难时，从另一个因素入手，如果提升薪水很难时，如何让员工感觉到被激励？在很难降低烟草毒素的情况下，如何降低人体的吸入？如果找到一个上升的职位很难，做些什么能够提升员工的满意度或投入度？

构筑梦想法：确定一个问题和目标，如业绩需要增加33%；设定一个比目标高的理想的目标，如理想的结果是100%增长；讨论达成理想结果的因素和策略。

转移环境法：把你的问题放在完全不同的情况下，有什么解决方案？

第六节
评估选择，促进行动

教练会谈，不论多长时间，一定需要有决定和行动，只有行动才能带来期望的结果。一般情况下，有效教练对话时间分配为：10%~20% 的时间为澄清确定专注的主题或问题；60%~80% 的时间为共同探索，目标、愿景、价值观、自我认知、解决方案等；10% 的时间为明确行动和计划。

一、决策维度

在制定行动阶段需要挑战客户，提高标准，清晰具体，做出承诺。选择哪几个策略，可依据决策的两个维度因素，即影响度和准备度，选取对结果影响度和实施准备度大的策略。

1. 对期望结果的影响度

如果你采取了这个策略 / 选择，对你实现期望结果的价值是多少？请根据每一个策略 / 选择对你期望结果的价值大小打分（1~10 分），为什么你给出这个分数？

请选择 3~5 个对结果影响最大的策略。

如果选择实施了这 3~5 个策略，对你期望结果达成的程度是多少？

2. 策略的准备度

如选择这个策略，实施的可行性程度如何？

需要哪些资源（财务，人力，时间等）？这些资源的获取容易程度如何？

你个人有效实施该策略的信心如何？你的意愿度如何？

二、决策矩阵

帮助客户进一步明确将要采取的策略，是针对多项选择及多个考虑因素，如何做出选择。决策矩阵应用于当有多个已知的选项，又有多个因素影响选择（同时包含感性和理性因素），如职业选择等。具体方式如下，横列是对选择非常重要的考虑因素，纵列是可能的选项，参看表9-3：

（1）将确定的多个选项放在纵列（如有6个工作选项），将考虑的因素放在横列（如薪水、环境和领导风格三个影响因素）；

（2）给各选项因素打分（1~5分），根据每一个选项针对因素的符合程度打分（如果因素一是薪水，当工作选项一薪水高时将符合因素一即得高分）；

（3）给各因素的权重打分（1~5分），5分为对个人最重要，该分数为主观的感觉（如薪水最重要，即打5分）；

（4）将两个分数相乘，得出在每个选择项中的各因素得分；

（5）将每个选择的各项因素分数相加，得出结果；

（6）分数高的为最佳策略。

表9-3　决策矩阵

因素＼选项	因素一	因素二	因素三	总和
选择一	符合程度／水平×权重	符合程度／水平×权重	符合程度／水平×权重	
选择二	符合程度／水平×权重	符合程度／水平×权重	符合程度／水平×权重	
选择三	符合程度／水平×权重	符合程度／水平×权重	符合程度／水平×权重	
选择四	符合程度／水平×权重	符合程度／水平×权重	符合程度／水平×权重	
选择五	符合程度／水平×权重	符合程度／水平×权重	符合程度／水平×权重	
选择六	符合程度／水平×权重	符合程度／水平×权重	符合程度／水平×权重	

三、赢得承诺

根据选择的有效策略再进一步规划行动，这也是教练是否成功的关键环节，有些经理经常很困惑，说"我在辅导下属时，我们共同明确了目标，规划了策略和行动，下属也同意了，但再次回顾时，下属没有按计划实施或没有达成预期"。这里存在的问题可能是：行动计划清晰具体吗，是否有时间范围，教练对象的意愿度如何，承诺度怎样，对达成结果的障碍是否有预见，对障碍克服的方法是否有信心，对需要资源是否有共识，跟踪的机制恰当性怎样等等。

赢得承诺参考以下两个方法：

1. 承诺打分方式

教练也可以运用打分的方式，检视被辅导者的承诺度，根据以下的描述：

　　10分：我决定不管任何付出和成本都会采取行动取得结果；

　　9分：我很坚定要采取行动，我也准备好要有很多的付出来取得结果；

　　8分：我将会把这件事作为首要优先事项；

　　7分：这件事将是我的关键优先事务之一；

　　6分：这件事对我非常重要；

　　5分：这件事对我有些重要；

　　4分：我感觉我有义务采取行动；

　　3分：我不肯定做这个是我真正想要的；

　　2分：我很不想做这件事；

　　1分：休想让我做这件事。

　　想象一下，有一个量表，1分代表 ___，10分代表 ____，你现在在哪里？你会采取什么行动使你从5到6分？

　　当你到了8/9分，你周围的人注意到了什么？他们怎样知道你已经到了9分？

　　当你到了9分时，你会做些什么不同的事情？谁会受到影响？

　　假设你现在的承诺度是10分，你正在做些什么不同的事情？

2.DVP（Desire，Vision，Plan）方式

　　该方式也常用于提升被辅导者的承诺度，我的一位教练老师分享，有三个因素来影响被辅导者是否会按计划采取行动，让对方看到自己行动的可能性，并采取方式推动被辅导者的计划实施。

　　Desire（意愿度）：你真的想做这件事吗？你的承诺是多少？不做的话可能的影响是什么？（1~10分）

　　Vision（愿景）：你对成功的完成这件事的结果清晰度怎样？你有信心吗？（1~10分）

　　Plan（计划）：你有清晰、详细的书写计划吗？（1~10分）

　　当 D×V×P>65%，行动的可能性很高；当 D×V×P>60%，有可能采取行动；D×V×P<60%，行动的可能性很低。

案例

情境：如何快速转变团队成员的意识，更积极投入参与

魏先生在一家国际化服务行业组织中承担销售总监的角色，多年从事市场管理工作，具有较强的市场洞察和敏感性，积极努力取得了不菲的成绩和良好的口碑。三个月前集团委派他承担集团下另一家公司的市场销售管理工作。魏先生到任后加班加点，希望能在短时期突破障碍，提升业绩。同时他也碰到了挑战和困惑，并不是所有成员都能跟上他的步调和期望，当他提出期望时，有些成员感觉要求过分了，如加班加点，有些成员感觉不被尊重。这让魏先生感到困扰。

点评：

魏先生是一个求胜心非常强的人，对自己和他人要求严格，有时会忽视员工的差异性及差异性带来的价值和益处，同时他偏好关注事情和结果，这对组织和个人是非常关键的，但在沟通过程中可能让员工感觉不被尊重。如何让团队更有紧迫感，有共同目标意识，增加对结果贡献的参与感将可能是提升团队投入度的关键。

教练关键问题参考：

你期望的结果是什么？最期望团队成员表现出什么样的行为？

团队成员的期望是什么？

在团队中有些成员已经表现出你期望的行为，是什么原因让他们的表现达成期望？（个人原因？领导管理方式？环境氛围？）

你采取了哪些有效的方式让他们达成期望？为什么这些方式有效？

有些成员行为未达期望的原因是什么？能力？意愿？

如果你采取以上的方式对团队改变的效果怎样？哪些有效？哪些效果不佳？

如果你的沟通方式既能让员工清晰理解你的期望，同时又心悦诚服的认同，你会怎样沟通？

从长远来看，作为一个优秀的经理人／领导者，你在哪些方面可以多做一点？哪些方面少做一点？

如果从集团总裁的视角看，你哪些方面可以多做一些？哪些方面可以少做一些？

当你采取这些行动时，会带来什么不同？你的感受是怎样的？员工会感到什么不同？带来的影响是什么？

针对这些策略和行动，哪3~5个策略对你期望的结果更有帮助/影响最大？为什么？

这3~5个策略，在你现有的环境中实施的可行性怎样？请打分。（1~10分）

哪些是对期望结果最有支持，且可行性高的策略或行动？

未来1~2周你希望尝试做哪1~3件不同的事情？你的计划如何？

在实施计划的过程中会遇到什么障碍？你将会如何克服？

你需要什么支持？将如何获得支持？

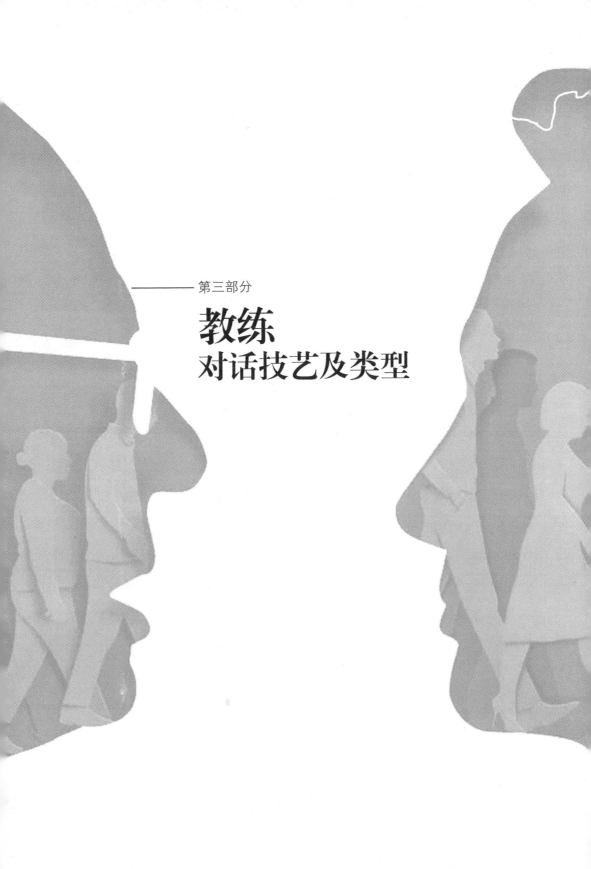

————— 第三部分

教练
对话技艺及类型

教练对话

第十章

概述

> 君子尊德性而道问学，致广大而尽精微，
> 极高明而道中庸。
>
> ——《中庸》

第一节
对话的价值和意义

　　教练过程不是聊天，也不是教练和被辅导者就某一问题的互相讨论，而是对话。讨论问题时被辅导者可能会在浅层或表面，这时被辅导者更多基于过去自己对问题的诠释和理解，过去的经验和信念。过去的经验是我们的宝贵财富，但是在遇到新问题时可能是局限和障碍。在当代高科技快速发展的今天，过去的经验、方法往往无法有效解决今天的问题。笔者观察到管理者们经常头痛关于人或业务的问题，反复出现。在近百场领导力工作坊中，不管工作坊的主题是什么，每当问参加者们在管理实践中遇到的困惑和挑战时，80% 的情况下均会出现这样的问题。

　　公司的薪水不具有竞争性，员工工作热情不高，怎么提高员工的积极性、主动性和责任感？

公司职位有限，也没有升值的机会，对一些能力不错的员工如何保留？如何激发他们的投入度？

目标太高，如何提高团队的执行力？

如何更有效协作，让跨部门的人员支持我们的工作？

如何有效领导新生代员工？

……

我们在解决问题时，经常会在不清楚真正原因是什么，问题为何难以解决的前提下寻找答案，有时甚至期待有一个灵丹妙药。《U型理论》的作者奥托博士提到现代社会常见的复杂性问题，即动态复杂性、社会复杂性、新兴复杂性，这些问题有时相互交织在一起，因此找到解决方案就更难了。

动态复杂性问题，是指多种因素相互作用，在原因和结果之间存在空间或时间上的差距，在因果之间，发生的情况，是以我们看不到的形式互相作用，在我们的认知和影响范围之外，这就让人难以觉察带来问题的复杂性。往往觉得好才做的事，最后结果适得其反。例如，前几年，当有一些农民种植大蒜获利很高，周围其他人看到了，也跟着种植，期望能够抓住这个机会，有些人甚至贷款投资，后来大蒜价格大幅下跌，造成有些种植户损失惨重。一些人采取上述行动的时候未能看到系统性的问题。在企业里，这样的问题比比皆是，在某一个时间点上，追求短期的经济收益，耗费了未来的资源，在持续发展方面却卡住了自己的脖子。

社会复杂性问题，是由人与人之间的差异，如价值观、目标、个性风格、利益冲突等引起的复杂性。前面提到的跨部门协作问题即属于这类问题。在笔者个人的教练实践中，作为技术背景出身的经理或总监如何更好地带领激发团队，如何赢得利益相关方的信任和更有效的合作等问题，这类管理挑战占有笔者教练议题50%以上的比例。这些聪明、有能力和经验丰富的管理者们面对这样的问题有时也束手无策，要么采取强压的方式解决，要么妥协。

新兴复杂性问题，是指从未遇到过的难以预测的变化而产生的复杂性。例如，孩子的教育问题，对于孩子特性、天赋、未来的不确定，家长的经验和能力，偏好等，尽管社会中有很多流派的教育孩子的方式，哪一种最适合你呢。

解决和突破复杂问题需要个人更清晰觉察自己在问题中的角色，自己的思维和观点，观点背后的意图和动机，更客观地看清环境和事物的发展规律，更能感知到不同角度的体会和期待。对话是非常有效的一种帮助个人打开自我，觉察自我，提升自我方式。

对话会在人们之间建立起一个动态且有力量的桥梁，对话是基于信任、安全、无评判的环境中，通过探寻和反思的方式，帮助对方觉察自己，觉察问题背后的真相。

情境一：改善人际关系

经理：你最近跟王宏关系好像不太好。

Bob：有点。

经理：你跟他好好聊聊，看从他那能学到什么？

Bob：我不太想跟他聊。

经理：为什么你不想跟他聊呢？什么原因阻碍了你？

Bob：没什么原因。

看似经理也是运用了探寻提问的方式，但效果明显不够有效，Bob 不愿分享，甚至有点抵触。一方面 Bob 感到没有被理解，另一方面还沉醉在自己的观点和情绪中，无法突破。

情境二：改善人际关系

教练：听起来你跟这位同事在这件事上有一些分歧和矛盾，发生了什么？

Bob：他需要你支持的时候，总是催；你需要他协作的时候，他却不把你的事当回事，没法跟他合作。

教练：他说了什么让你有这样的感觉？

Bob：他说手头有一件很紧急的事，老板在催。

教练：听起来你之前给予他很多支持，但这次他没有提供给你期待的帮助让你很失望。假如你手头正有一件紧急的事情在处理，你的一位同事来找你帮忙，你会什么感受？你会做怎样的回应？

Bob：我会有些焦虑，自己的事搞不定怎么帮他呢，只能推一下了。

教练：你们未来合作的机会多吗？

Bob：很多。

教练：为了更好地一起合作，你愿意尝试做些什么？

这两段对话的差异在于，被辅导者是否愿意敞开心扉开放分享，是用自己的主观经验甚至带有情绪的回应还是更客观地关注事实，感知他人的感受并转换视角，后者可使得对方愿意尝试新的方法，其动力和力量是不同的。

第二节
对话的层级

根据对话的复杂程度及达成结果的不同将对话分为不同的层级，大卫·麦金森与大卫·克拉特巴克（Davide Magginson & Davide Clutterbuck）提出了对话的 7 个层级。

一、建立关系型对话（Social Dialogue）

对对方表现出兴趣，好奇，希望了解并主动找出一些共同的兴趣；
接受另一个人，认可他的优点、不足及曾经的失误；
主动开放地分享自己的兴趣、困惑等。

二、技术型对话（Technical Dialogue）

帮助对方学习工作流程、技术和公司政策等方面的需要；

澄清任务，了解学习者目前的相关知识水平；

及时提供建议（如何做及为什么）；

核实确保对方的理解。

三、战术型对话（Tactical Dialogue）

帮助学习者有一些实际的方法，从而能够解决工作和生活方面的困惑（如时间管理，与同事相处）；

澄清并理解发生了什么（你知道的及不知道的）；

澄清期望的结果和不期望的结果；

找出达成结果的障碍、激励因素和可能需要的支持；

清晰地制定行动计划并提供支持（让学习者感到被支持）。

四、战略型对话（Strategic Dialogue）

帮助学习者把问题放在一个情境中，从一个更宽泛的视角看他们希望达成的结果及和周围的关系（如职业发展计划）；

应用战术型对话；

澄清环境因素，可能对目标 / 问题产生影响的其他角色；

评估当前状况（如用 SWOT 分析）；

探索不同的选择（如果……会发生什么……将决定和计划与长期目标和个人价值观结合），找出一些根本性或创新性的方法（例如，如果到一个完全不同的职能部门，你的职业上升会更快吗？）。

五、自我洞察型对话（Dialogue for self-insight）

帮助学习者了解他们自己的动机、愿望、恐惧和思考问题的模式。创造开放、放松自由的空间和氛围，教练只是负责打开门，学习者自己走自我探索的旅程。

意识到并跟踪学习者的描述，探索背后的原因，帮助他们建立他们所说的、做的和他们的价值观及需求的关系；

应用一些工具，如360、风格测评、情商、性格测评等；

建设性的挑战对方（为什么会……）；

给出你的反馈，让对方觉察到别人是怎样看他的。

六、行为改变型对话（Dialogue for behavior Change）

帮助学习者整合自我洞察，战略和战术到一个具体的情境，促进个人进行调整和改变；

帮助被辅导者将期望的结果愿景化（从理性和感性／情绪上）；

澄清并强化为什么改变对学习者及其利益关系人是至关重要的；

建立一些衡量方式让学习者能看到正在改变；

衡量学习者的承诺水平；

鼓励并表示深信对方有能力达成他们承诺的结果。

七、合一型对话（Dialogue for Integration）

帮助被辅导者更清晰自己和周围世界的相连，发展内在和外在的一致性及满足感；

探索多方面、多视角的因素，不断地从更大的视角画面看当下的问题并在之间进行切换；

运用比喻的方式鼓励被辅导者建立更大、更全面复杂的画面（自己和周围世界）；

帮助对方找出自己的价值观与他实际行为之间的差距；

支持对方做出选择（拿起什么？放下什么？）；

帮助对方运用内在的智慧，成为更加内在安宁，满足，真正和自己合一状态。

在教练实践中，教练对话是根据被辅导者的实际问题和挑战及期望达成的目标进行的，对话会集中在某一个或几个层级，也可能涵盖所有层级，笔者在实践过程中，特别是为组织管理者提供教练支持时，主要会涉及以下几个方面的对话：

问题解决型对话：客户遇到困惑和问题，如跨部门沟通协作／冲突管理，变革管理及团队融合，团队的积极主动性不够，个人的情绪管理及时间管理等问题。这时，往往更多会集中在自我认知和洞察、战术型及行为改变对话层级上。

改进提升型对话：客户没有明显的困惑或挑战，但很希望提升超越，如针对组织中高潜力管理者如何更成功地承担新的责任和角色，个人未来的职业发展，某方面能力希望突破等议题，这种类型的对话更多集中在自我认知和洞察、战略、战术型及行为改变型对话。

自我超越型对话：客户没有具体的问题，可能由于某个召唤激发，希望成为更好的自己来面对周围的环境并有更清明的视角和方式，如个人的生活更加平衡和自由，活出真正的自我，自己的生命意图和使命等，这时可能更多地在自我认知和洞察，战略，行为改变及合一的对话层级上。

不论是哪个方面的教练对话，倾听和提问的技艺对确保有效对话是非常重要的。

第十一章

教练对话技艺：
有效提问

心之官则思，思则得之。

——《孟子》

　　提问是有效教练的核心技艺，称它为技艺而不是技巧，因为它不仅有一些技巧、流程、原则和规律可循，但只依靠流程、技巧又是远远不够的。有力量的问题，能够帮助被辅导者对自己现状和未来有深度觉察，并启发其内在智慧的开启来应对外在的挑战。提出有效的问题需要教练深层的聆听、教练的直觉，教练真正在当下无评判的状态，教练的勇气及教练全然关注客户动机和目标的能力和经验。笔者曾经培训过很多企业的经理人学习教练技能，帮助他们提升辅导下属的意识和能力。他们感觉到提问技艺平时运用较少，在辅导下属的过程中，如何有效运用提问技艺遇到很大挑战。例如：

　　针对具体问题及员工不同的回应，不知提出什么问题合适；

　　感觉提问对达到结果太慢，没有耐心，刚开始用提问的方式辅导，后面就回到了告知和建议的模式；

　　提出问题后要么员工会讲得很多，但不在重点上，感觉浪费时间；要么员工不够开放，没有太多回应。

……

这些问题不是用一个模型或公式可以解决的，也没有什么灵丹妙药，它需要教练像陶艺师一样，耐心、细心的关注被辅导者，不断练习，根据进展把握分寸。正如像上面提到的第一个问题，针对员工的不同回应如何提问，在那个当下，对于初学教练的经理或教练来说，可能更关注提问的流程、模型工具等，思考下一个问题需要问什么，全然没有能够关注被辅导者的当下状态、期望意图、障碍等，就自然与对方的连接不够，提出的问题也不够有力量。又比如，第三个挑战，即当经理或教练感觉到员工的分享不在重点（经理期望的方向上）时，就会欠缺耐心并介入，因为经理或教练根据自己的经验判断设定了议题和方向，感觉不符合这个方向就偏航了。而在这个当下，全然的好奇、欣赏被辅导者，聆听他背后的意图和想法，并让对方觉察到自己真正关心的是什么，真正想要的是什么，怎样运用这个时间对他是最有帮助的，帮助对方聚焦到恰当的方向上来，这个方向可能与经理/教练开始设定的方向不一致，但这个对被辅导者来说更为重要，这也就是与被辅导者共舞的状态。教练需要学习用直觉去观察他人，观察的人多了自然就有直觉了，能读懂对方想达到的目的和意图。当我们看到一个人或物体时，每个人的感觉不一样。经过诠释后的判断，判断越多，教练越容易误导被辅导者；看到事实会达成共识，但诠释后对方不一定认同，当教练有很多判断时，被辅导者会不认同，我们很多人要么沉浸在过去、要么妄想着未来，对当下观察和感知不够，对一个生命体的聆听和感受就更不容易了。

有效提问需要真正的聆听，它就像一枚硬币的两面，没有有效的聆听，也问不出有效的问题，不能有效地提问，也听不到被辅导者真正的想法。有力量的提问可以帮助被辅导者厘清思路，觉察自身的盲点，激发内在的潜力和智慧并承诺行动等。一个好的问题将会：引导客户专注于原以为不可能的可能性上；聚焦于被辅导者产生很大影响的重大改变上；引导出被辅导者的创造力和资源，做出新的选择。

18 世纪，有一个名叫约翰的人致力于奴隶解放运动，30 年间不断向奴隶主提出两个问题：拥有一个奴隶，对于像您这样有品德的人来说意味着什么？拥有一个奴隶，您会给孩子留下一个什么样的社会制度？这样的问题对奴隶解放运动的贡献很大，可见提问的力量。因为这两个问题，人们开始重新思考奴隶制度。

第一节
有效提问的要点

一、开放式问题比封闭式问题更有力量

如"有效解决这个问题，你认为有哪些好的策略？"相对于"有效解决这个问题，你有办法吗？"更能帮助对方思考。但开放式问题更有效也并非绝对。例如，笔者曾经遇到一位被辅导者接到一个挑战性的任务，实施过程中遇到很多困难，犹豫不决是否继续，当时笔者就提出一个封闭式问题，即"如果有两个选择，放弃这个项目回到你舒适的状态，或继续挑战自己，你的选择是什么？"对方停顿良久，回答道，"知道怎么做了"，我看到了她眼神中透露出更多的明亮和坚定。

二、保持好奇

好奇的状态体现了教练的专注和开放，通过提问让被辅导者对自己的工作、生活等方面更有觉察。例如：

发生了什么？

你的选择是什么？

为什么这个选择对你很重要？对你的意义是什么？

做了这个选择后，你的感受怎样？

达到了你期望的状态后，那时的你与现在的你有什么不同？

三、干净的语言

提问前不需要有很多铺垫的背景内容，做到干净、利落即可。例如：

你真正想要的是什么？

你最在乎什么？

真正阻碍你迈出一步的是什么？

你想去哪里？

四、积极正向、以未来/结果为导向

被辅导者遇到的问题可能困扰着他，这时教练无需在问题原因方面探讨太多，以结果为导向的问题对对方更有支持作用。例如：

这个房间太热，如何让这个房间更舒服呢？

他们不太支持我，你希望获得怎样的支持呢？如何获得他们对你的支持呢？

五、与价值观及愿景相连接的问题更有启发性

你希望获得什么？为什么它对你是重要的？

获得这个对你意味着什么？

你从中最希望得到的是什么？

你期望的结果是怎么样一幅图画？

当你期望的结果达成后，你看到了什么？听到了什么？

六、"为什么"问题有时很有力量

问"为什么"时双方的信任关心十分重要；对正面情绪／结果，可不断地问为什么，如"为什么实现这个目标对你很重要？""为什么今天这么开心呢？"当被辅导者有负面情绪时，不要问为什么；不要针对被辅导者的失误／弱点问为什么？而是问对方从中学到了什么；如果目的是找问题产生的原因时，可不断地问"为什么"的问题，会让他人顿悟。

如果你在当下还没有找到好的问题，就运用你的直觉聆听、感受你的被辅导者，直到你有了一个好的问题。提问后要有耐心等待答案，对方需要 5~20 秒时间进行思考；提问时的语调、语气十分关键，特别是提出挑战性问题时，温和的语调很重要。

第二节
有效提问的参考框架和模型

教练界有很多的工具、模型和流程可以帮助教练们提出好的问题，进行结构化的对话。在笔者的教练实践中，较多运用以下理论模型，供大家参考。

一、四维度关键问题——探索任何挑战和项目

这个模型是玛丽莲·阿特金森（Marilyn Atkinson）博士在她著的 *Step by Step* 书中提出的，她说，任何我们设定的目标是物理性的达成，它是可以延伸和超越的，这取决于你个人的志向、愿望和动力；也取决于这个目标对你的重要程度，及你能否坚持不懈地探索达成目标方法。在遇到任何问题和挑战时可参考以下 4 个阶段进行提问。

1. 激发和鼓舞性目标（Inspiration）：你想要的是什么

在教练过程中，首要任务是要帮助客户清晰他的目标，或真正想要什么，当他们明确自己要的是什么的时候，才愿意投入精力去探索方法。对期望的结果有一个清晰、鼓舞性的愿景会激发一个人的动力并找到创新性的方法。主要问题举例如下：

今天在这里你期望达成的目标是什么？

你真正想要的是什么？

你最希望取得的结果是什么？

在这个项目中你最期望的结果是什么？

什么是你想要取得、绝不能妥协的结果？

是什么召唤或激发你取得这样的结果？

在接下来的 2 个小时，你希望达成的成果是什么？

2. 实施 / 执行（Implementation）：你将会怎样取得这个结果

当一个人清晰他的目标和愿景时，可以探索怎样才能成功达成这个结果。这包括为了达成期望结果需要完成的一些分支目标及小目标，让客户看到达成这个目标的可实现性。在这个过程中前面提到的逻辑树方式可以运用。同时，在每一步分支目标或小目标中，帮助客户看到他 / 她真正想要的是什么，这样对方的参与投入和承诺度会更高。主要问题举例如下：

这个目标如何达成呢？

如何确保目标实现呢？

为了达成目标，宏观规划是什么？

从现在状态到达你期望的状态，都有哪些步骤是必须的？

你个人需要成为怎样的状态有利于目标的达成？

哪些能力和技能是需要发展提升的？

哪些资源对实现目标是至关重要的？

你如何确保每一步都能够发生呢？

为了达成目标你第一步需要做什么？第二步是什么？第三步是什么？

3. 价值整合（Value Integration）：你会怎样加强或深化你取得目标的决心和承诺

一个人在实现目标的过程中，一定会遇到很多障碍、困难和挑战，还有环境的变化，人际关系等，有些是始料未及的。这时，个人实现目标的决心和承诺就非常重要了。教练帮助被辅导者意识到实现目标路径中的生态系统，其中的重要挑战及如何克服障碍，既要心中目标清晰，又要关注当下实现目标过程的成功要素。主要问题举例如下：

通过这个目标的实现给你带来更深层次的价值意义是什么？

实现这个目标给你的利益关系人带来的影响和价值是什么？

如果没有实现这个目标，给你带来的影响是什么？给重要利益相关方带来的影响是什么？

为了实现目标，有哪些是你需要放弃或改变的？

你对取得这个目标的承诺如何？

如何增加你的承诺度？

如何确保遇到困难时你仍能坚持前行？

在过程中你会遇到哪些可能的挑战和障碍？你将如何提前克服？

在这个过程中你学到什么？

4. 完成和满意感（Completion & Satisfaction）：你怎样知道你已经实现了目标

这是一个很常用也非常重要的问题，它可以帮助被辅导者更清晰地感受到自己目标实现后的情景，激发其动力和承诺，同时也在回顾实现目标路径中的过程目标和计划，感受目标实现结果和过程带来的价值和意义。主要问题举例如下：

当你实现了期望的成果，你怎样识别它已经实现了？

有哪些信号、标志说明你已取得目标？

你怎样知道你已经按期望完成了这个项目？

当你达成了你的目标，你看到了什么？听到了什么？感受到了什么？

哪些步骤、行动、事情完成了说明你的目标达成了？

二、视角转换模型——觉察问题的核心要素

有经验的教练能够让对话顺利进行，让被辅导者感到有帮助，其重要原因之一是他们能够帮助被辅导者不断地转换视角，不会让被辅导者在相同的思维状态里持续太久。教练不断地通过提问的方式帮助被辅导者觉察自我、检视环境、拓宽思维，之后制订行动计划。大卫·麦金森（David Magginson）在他的书中 *Techniques for Coaching and Mentoring* 分享从理性、感性、自我和他人的视角中不断转换。

主要问题举例如下（在工作中遇到与上级领导的关系冲突困惑）：

1. 理性 / 推理（Rational）：从理性上思考自己遇到的问题，期望结果和行动

你遇到的问题是什么？

解决这个问题给你带来的影响是什么？

问题继续存在对你的职业发展有什么影响？

这是第一次发生还是经常发生？

2. 感性 / 情绪（Emotion）：从感受上觉察自己的情绪

你当时的感受是怎样的？

现在的感觉怎样？

一周之后感觉会变化吗？

3. 个人觉察（Step in）：探索教练对象个人的价值观、兴趣爱好、目标梦想等

你喜欢你的工作吗？

你的优势是什么？你的提升领域是什么？

你未来的发展目标是什么？

4. 他人 / 环境（Step out）：探索环境状况及与被辅导者的关系

你的同事怎么看？

团队的士气是怎样的？

案例

王婧哭着找到了她的教练，因为老板在会上当着同事的面批评了她，这让她非常伤心和恼火。

王婧：我应该辞职吗？

教练提问：

当他当众批评你的时候，你的感受是什么？你现在的感受是什么？当你睡一觉后你的感受可能会有变化吗？（感受，emotional）

这对你实际的影响是什么？（理性，rational）

对你的工作能力有影响吗？对你的职业前景呢？

这是偶然事件还是经常发生？

这件事会影响你的同事对你的看法及与你的关系吗？（理性／他人，rational and out of box）

你认为你的老板有什么样的情绪让他做了这样反常的事情？你认为他现在的感受怎样？（情绪及他人，emotional and out of box）

你喜欢你的工作吗？（感受及自己，emotional and in the box）

你擅长这个工作吗？（理性及自己，rational and in the box）

你希望你和你的老板的关系是怎样的？（情绪及自己）

你认为你是否有责任来积极地面对发生的事情？（理性及自己，rational and out of box）

你是否有勇气与你的老板谈一谈？（情绪及自己，emotional and in box）

在你与你的老板谈之前，你需要我跟你一起准备这个谈话吗？（理性及自己，rational and in box）

三、GROW 教练模型

GROW 教练模型是约翰·惠特默（John Whitemore）总结发展出来的。在他著的《高绩效教练》一书中有详细的阐述。该模型是教练行业中运用最为广泛、最受欢迎的模型之一，帮助教练与被辅导者进行结构性对话。在笔者的教练实践中，也是运用较多的。

1. GROW 模型的具体内容及提问参考

（1）GROW 具体内容。

GROW 是四个英文单词的首字母。Goal（目标）：设定具体的目标和期望的结果；Reality（检视现状）：鼓励自我评估；Options：探索可能性和策略；Wrap up：承诺行动。

了解模型很容易，但要用好却有一定难度，下面是一些应用的要点：

目标的设定很重要，要满足清晰具体、可控及结果导向的原则。当对方的目标是想改变另一个人时，应转换角度帮助对方找到真正能控制的目标是什么。不要直接从目标跳到行动，应花时间探索现状。在选择阶段应先问后说，尽可能找到多的创造性方案。

行动阶段要花足够的时间，确保具体落实，得到承诺及清除障碍。

当经理为下属做教练时，如果经理是问题的一部分，GROW 模型可能不太合适，反馈和澄清双方期望更为实用。

（2）GROW 模型提问举例。

目标：澄清所期望达成的结果并使其行为化、清晰化；确认实现目标的意义和价值，明确时间。问题参考：

你希望解决什么问题？

你希望通过我们的讨论达成怎样的结果？它对你有什么意义？

为什么这对你是重要的？

如果这个目标实现了，波及的效果是什么？

你期望有什么不同的情况发生？

你怎样知道你的目标达成了？

你最希望提高哪个能力？

你希望在我们 30 分钟的谈话中，探讨什么对你是最有帮助的？

现状：建立被辅导者对当前状况的认知。鼓励被辅导者进行自我评估，认识现实并确认障碍，给出反馈，需要时挑战被辅导者的假设。问题参考：

请详细描述现在的情况；

你最大的担忧是什么？实现目标过程中现实性的难点是什么？

妨碍目标达成的因素是什么？

这个问题发生会给其他人带来什么影响？

到现在为止你采取了什么行动？效果怎样？有效的地方是什么？哪些行动无效？

什么阻止你做得更多？

为了达到所希望的状态，你需要改变什么？

你已经拥有什么能力？资源？

你还需要什么资源？

选择：探索可能的选择和解决方案，鼓励被辅导者找出自己的想法和策略，教练可以与被辅导者一起进行头脑风暴，确保从不同角度发现更多创新性的选择。问题参考：

为了实现目标，你最先需要完成的是什么？

你将可以做些什么来改变这个情况？

你可以有什么不同的方式来解决这个问题？

列出所有可能的选择？

你还可以做些什么？

这些选择的优点和缺点是什么？

哪一个会给你带来最好的结果？

你感觉这些方案哪一个对你实现目标最好？

为了实现目标怎么发挥你的长处和卓越性？

为了达成目标你在哪里寻找资源？

为了实现目标必要的信息是什么？

如果需要别人的帮助，你需要谁提供什么样的帮助？

行动计划：做出选择，明确并承诺行动。确定具体的步骤和时限，对需提供的支持和资源达成共识。问题参考：

通过对话你获得新的想法是什么？

以那个想法为基础，你准备采取什么行动？

你准备什么时间开始？

这个行动会帮你达成目标吗？对实现期望目标的贡献度如何？

你可能会遇到什么障碍？如何克服这些障碍？

你需要什么支持？

请给自己执行这项行动的承诺度打分（1~10）。

为了实行此计划，你要放弃的和重新开始的是什么？

你会如何管理自己的行动进展？

你什么时候会与我谈你的进展？

案例

James 是一家国际食品公司的市场部经理，负责一个整合的项目，Tom 是项目组的一个成员。该项目的关键是整合亚洲地区新成立的酵母生产运营（很多合资生产厂在中国）。Tom 负责当地的面试，James 开始与 Tom 共同进行，然后由 Tom 自己做。不幸的是 James 发现 Tom 能力不足，无法独立承担，为了项目进度，James 只能自己承担，经常工作到半夜。James 找到了他的老板 Bob 寻求帮助。

James："Bob，我在亚洲地区整合项目上遇到了问题，我们需要重新商量一下时间表，"Bob 知道重新更改时间表是不可能的，因为一切准备迎接销售高峰。他必须帮助 James 建立信心。他只有 10 分钟。

Bob："主要问题是什么？"

James："嗨，主要是 Tom 在面试上能力不够，我担心他会对新厂整合有影响，我不知道怎么能帮到他，完成市场战略方面的工作对项目完成是重要的，我没有时间替他做……我希望能增加一名新的成员，只需要 1~2

个月。"

Bob："也许有更好的方式，让我们共同探讨这个问题的全貌，告诉我，如果这个问题都解决了，你看到了什么？不要告诉我你如何做的，只告诉我成功的画面是什么？"

James："Tom 已完成了所有的面试，已与中国的主要高层管理者建立了好的关系，已经写完了总结关于他的发现……但是 Tom 没有能力做到。"Bob 阻止了他。

Bob："在讨论 Tom 的能力之前，告诉我从现在到你描述的成功结果之间都有哪些障碍？"

James 叙述问题时，Bob 一边听一边在 Flipchart 上记录了整个的清单，并让 James 来看这个清单，James 看后感到很是惊讶，很多事情与自己有关，只有很少的一部分与 Tom 有关。

Bob："哪些是主要障碍必须克服的？你下面需要做的是什么？"

James："我知道该做什么了，谢谢老板。"

2. GROW 模型运用流程

GROW 模型运用过程中，遵循 "G-R-O-W" 这个步骤和流程会带来很大的价值和力量，特别是当被辅导者陷入当下问题的困局时，如讨论基于销售现状和市场情况来制定的业务目标，如果对现状讨论太多，人们可能会看到很多的障碍和挑战，影响对目标的信心和信念，设定的目标也可能不太具有挑战性和竞争力，因为这个目标是基于过去和现状的分析得来的，有些潜力未能充分发挥。

在有些情况下，被辅导者对目标并不清晰，知道一些方向，但对要聚焦什么有些模糊。在笔者的教练实践中，大多数被辅导者习惯描述他们的问题、挑战、困惑，即他们不想要什么，较少能开始就明确表达出他们确实想要的是什么，如教练问："你想通过教练过程达到什么目标？"有些被辅导者在沉思或抓住进入头脑的第一个念头，这可能不是被辅导者内心真正想要的，如果跟随这个念头进行辅导，也会导致根本问题或潜伏问题得不到解决。因此，教练有时需要帮助被辅导者提炼目标。在这种情况下，教练会花时间从被辅导者的角度了解、理解他们当前的情况，提升其自我认知及对环境的认知。这与 G-R-O-W 流程有所区别，是在前面加了一个 R（Reality），即 R-G-R-O-W。在第一个 R 的阶段，教练需要做的是：建立相互的信任关系；了解、理解被辅导者的挑战、问题和困惑及其组织环境；可运用一些测评工具，如 Hogan 领导力测评、Birkman 测评、360 报告等，或进行一些利益相关人的访谈来全面了解被辅导者的现状；提升被辅导者的自我觉察。

通过以上方式了解评估被辅导者的现状，帮助被辅导者觉察真正的问题是什么，"卡住"的是什么，再探讨他们真正想要的是什么，期望的目标是什么，会更为有效。

四、逻辑层次模型

逻辑层次模型是罗伯特·迪尔茨（Robert Dilts）在前人的基础上发展出来，为教练对话提供了有效的参考。

逻辑层次模型涉及 6 个基本问题：何时、何地、做什么、如何做、为什么及什么人，在这些方面，个人越清晰，对达成期望结果越有帮助。

1. 内容及参考问题

环境/结果：组织/个人期望的行为和结果在何时、何地发生与环境、客观存在有关。

发生了什么？

你期望的结果是什么？

你将在什么时间、地点，做什么事情帮你达成你的目标？会带来怎样的结果？

在未来 1 个月，如果成功了，会发生什么？想象一下，你看到什么？

听到什么？

行为

如果发生了期望的结果，你采取了什么不同的行为？你做了什么？

你有怎样的习惯？对你采取的行为有什么影响？

你的行为对环境带来什么影响？

环境中的因素对你的行为带来什么影响？

能力：是指组织或个人在相关环境中选择并用于指导行动的能力。

有效采取这样的行动需要什么能力？

你拥有哪些能力？你的优势是什么？你如何运用你的优势获得你认为重要的目标？

这些能力对你的行为有哪些支持指导作用？

你将会采取哪些行动来运用你的优势能力？

你需要提升什么技能？

价值观和信念：价值观和信念为一个人选择使用什么能力和策略提供了动机和指导。

是什么使你采取这个策略？它给你带来什么意义？

什么对你来说是重要的？为什么它是重要的？它给你带来了什么？

如果你运用这个能力来采取这个策略／行动，你感觉到了什么？为什么有这样的感觉？

身份／使命：我是谁，我的使命是什么。

你希望成为一个什么样的人？你希望给他人／组织／社会带来什么贡献和服务？

当实现了对你重要的目标后，你将会成为一个什么样的人？

拥有这样品质的人，怎样看所处环境？怎样看这个挑战？

这样会给组织、社会带来什么？

2.逻辑层次模型的运用

根据不同的教练议题，运用的层级也不同，可以在一个层级上深入探讨，如能力、价值观和身份，也可以从几个层级探讨，如探讨环境和行为层面的问题。一般简单的、技术、专业性问题，更多运用环境和行为层面的对话。

　　发生的问题是什么？（20%的员工有迟到现象）

　　期望的结果是什么？（迟到率降低15%）

　　需要表现哪些行为才能带来这个结果？（员工准时到岗上班）

　　下一步的行动是什么（打卡）

在这两个层面的对话，更多以事情为导向，较少涉及人的因素，如能力、感受和情绪等，这样带来的改变可能不持久，改变是由外而内的，被辅导者会感到压力。笔者观察到有些组织的经理在管理员工的过程中，在很多情况下使用这两个层级的对话，过多使用只解决表面问题，会带来团队的物化现象，团队的主动性和凝聚力以及投入度也会受到影响。通过更多层面的探索，如能力、价值观，身份层面，被辅导者会发现促进改变的内在驱动力，会看到这个改变跟他在乎的事情的关系，使他成为想成为的那个样子，被辅导者看问题的方式不同了，自我驱动改变，这样的改变更本质，更为持久。

对话举例

　　你希望取得的目标是什么？

　　为什么达成这个目标对你很重要？

　　如果你成功的完成这件事，达成你期望的目标，与现在的你会有什么不同？

　　别人对你的看法有什么不同？

　　为了实现这个目标，你需要具备什么能力？什么资源？

　　你将会采取什么行动提升这个能力？

　　你将会从什么时间开始？

案例

情境：如何计划更有前瞻性并能执行

被辅导者："我希望能有高效的计划性，现在也做计划，如周计划、日计划，但计划赶不上变化，太多打扰和临时的事件让我的计划乱了，可执行性差；另外我感觉做计划很花时间，如何使我的计划更合理，并能够完全按计划实施？"

教练策略：通过厘清被辅导者的目标和期望的结果，探索新的行为和解决方案。被辅导者个人找出并承诺了几种过去没有采取的新行为，如每年清晰了解公司的战略并做本部门的年计划，除了业绩方面也包含客户、人员和内部流程管理方面的指标；在年计划的基础上做月计划和周计划，并将至关重要的事件放入，留出一定的时间应对灵活出现的事件；每周／天回顾总结，提醒自己专注最重要的事情。

同时帮助被辅导者感觉到，计划是有效管理者的重要自我管理方式，占用时间也是有价值的，被他人打扰也是工作的一部分，如何不断回顾总结，尽可能预留合理的时间应对临时事件及不断降低干扰将会是有效的策略。

教练问题：

教练："你想要的结果是什么？"

被辅导者："我希望我的计划更有前瞻性，我的上两任老板都说我要关注更长远、更战略方面的事情，不仅仅是低头拉车，同时我的计划要有可执行性。"

教练："请描述一下如果你达成了你期望的结果，你怎样知道你的计划有前瞻性并有可执行性？"

被辅导者："我的计划涉及更长远，如半年或一年，计划的重要事件得到落实，有干扰的时候能有效管理干扰。"

教练："你需要有哪些不同的改变，可以帮助你做出更长远的计划？"

被辅导者："我的关注点需要改变，这是我意识到的。我需要关注的不是今天或一周的事情，但经常会被着火的事情缠绕。"

教练："你需要提升什么能力让你更能关注长远的事情？"

被辅导者："我想需要提升自己的战略思考和规划能力。"

教练："当你拥有了战略规划和思考能力，你在计划时，你会做什么？有什么感受？"

被辅导者："我应该先设定一个长远的目标，如6个月的目标，再看看哪些因素对我的目标有影响，这些因素是否有变化，如客户的订单需求及变化、团队的能力、别的部门配合等，再看自己的工作重点。这样我就感觉更轻松，更有掌控感，不焦虑在每天每周的业务状况上了。"

教练："如果你达到了这样的能力和状态，对你的价值和意义是什么？"

被辅导者："对我未来的职业发展更有帮助，我希望在2年内承担更高的角色，这些能力是重要的。同时员工也会感觉他们的领导更有前瞻性而不是每天盯着他们。"

教练："当你做到了，你回头看自己，你会对自己说什么？"

被辅导者："你是一个具有前瞻思维，抓大放小，举重若轻的管理者。"

教练："为了取得这个结果，你第一步需要做什么？"

被辅导者："我再回顾一下我年初的规划，其实年初规划是有的，只是以业务指标为主，更新规划使其涵盖重要的分支目标，并与您商议听取建议。"

五、萨提亚（Satir）冰山模型

1. 内容介绍

维琴尼亚·萨提亚（Virginia Satir）是美国心理治疗大师，她将一个人的"自我"用了一个非常形象的比喻，即"一座冰山"，露在水面上的是很小的一部分，即能够被外界看到的一个人的行为表现或应对方式；另外大部分藏在水下，是人们的"内在"。揭开冰山的秘密，我们会看到生命中的渴望、期待、观点和感受，看到真正的自我。在教练过程中，议题往往来自外面，当被辅导者分享他遇到的困惑和挑战时，作为教练有时可能会被问题吸引，有强烈的动机愿望帮助被辅导者解惑，花时间跟他一起探索解决问题的策略和方式。当问题简单时这样的方式会对被辅导者有帮助，特别是当教练是议题方面的专家时，而这样的方式可能会阻碍被辅导者有更大的内在成长来应对以后相似或更复杂的问题。当我们面对问题和困惑时，我们可能就是问题的一部分，如我们看待问题的视角、回应问题的方式等。教练过程中，通过被辅导者的表现，看到他的问题在哪个层面，每个行为背后都有意图，帮助他转换行为、感受、观点和期待是教练的核心工作。当进入内在，探索其信念、期待、渴望层面，内在有一些改变，外在议题困惑可能就不再是问题了。当一个人与自己的问题纠缠在一起时，就欠缺能力和能量来改变。当他意识、看见自己当前的行为，渴望、期待并觉察到当前行为与目标和渴望的关系时，改变就更容易发生了。萨提亚冰山模型就像一个人的内在操作系统，让我们更好地了解我们的被辅导者，看是什么地方卡住了，需要突破的是什么，转化什么？怎样才能更好地应对外在的挑战。

2. 问题参考

行为

你遇到的挑战／困惑是什么？请告诉我发生了什么？

你的应对方式是怎样的？对谁？什么时候？为什么？

效果如何？

感受

你的感受是什么？兴奋、郁闷或伤心等

你怎样处理你的感受？是压抑、探索、控制还是改变？

更多是感受控制你还是你控制感受？

观点

在这个问题中，你最重视什么？什么对你是最重要的？

什么是必须要做的？为什么这个结果对你重要？

你最不喜欢什么？你最在乎什么？

他人的观点是什么？与你的有哪些一致或差异？你的觉察是什么？

期待（是渴望的具体体现，每个人是不同的）

你对自己的期待是什么？你特别希望自己成就什么？

你对他人最失望的是什么（通常在失望的时候才感觉到期待）？你对他人的期待是什么？对谁？是什么？

他人对你的期待是什么？

你的觉察是什么？

渴望（是人类共有的：被爱、被接纳、被认同、有意义、有价值、自由等）

你真正渴望的是什么？

你是如何满足你的渴望的？从别人还是自己？

自我

你是谁？

你是如何彰显你的生命能量的？

案例

情境：跨部门合作

王磊在一家国际高科技公司承担产品经理，团队中有8个人。该部门负责公司设计的产品能够引领或满足客户的需求，使公司在行业具有竞争力。作为产品经理，需要与市场、销售、研发等部门协作沟通，确保对市场及其变化的了解，研发的产品可以在市场上受到欢迎。而在合作过程中，王磊感到很困惑，有些人沟通强硬，有些人提供支持的愿望不高，王磊感到他们不信任他，无法顺畅合作，而同事反馈说王磊很难合作，也不知道如何跟他沟通，有些甚至回避他。王磊内心非常希望通过和大家的一些合作，为组织和客户带来好的产品。

教练：通过教练过程，你希望解决什么问题？达成什么结果对你来说是重要的？

王磊：如何更有效地沟通合作。

教练：在合作过程中，最让你困惑/挑战的是什么？

王磊：合作不顺畅，信任不高，有些人态度强硬，他们只关心自己的利益。

教练：他们什么样的表现让你有这样的判断？

王磊：当我提出期望要求时，他们告诉我不太可能及其理由，也不听我说，而且态度有些强硬。

教练：你当时的反应是什么？

王磊：我很想陈述为什么这么做，但他们的态度让我感觉很不舒服，有些压抑和愤怒，我回来后再给他们发邮件，有时抄送给相关领导。

教练：当你有这样的情绪时，会给你跟他们的互动带来什么影响？

王磊：我的回应可能有些冲动，我发了邮件后，我们之后的沟通感觉更公事公办了。

教练：有一种更为有效的方式回应此事，既能够达到你的沟通目的又可增加双方的信任，你认为会是什么呢？

王磊：可能是我会再心平气和地跟他们沟通做这个事情的目的、重要性、紧迫性及影响，他们的支持不可或缺，理解他们工作的繁忙并感谢他们给予支持。

教练：是什么阻碍了你没有做到有效的回应？

王磊：我当时有些生气，感觉他们不理解我，没有从公司和别人的角度考虑。

教练：你刚才对他们的评价和观点是事实吗？还是你的猜测？

王磊：有可能不是事实。

教练：当你跟他们沟通时，你对他们的期待是什么？

王磊：我期望他们花些时间听我说，给予支持和配合，毕竟这是公司的事情，又不是我个人的事。

教练：在你们合作时，他们对你的期待是什么？

王磊：没太考虑。

教练：假设你站在他的位置上，他们会对你说什么？希望你多做一些什么？少做一些什么？

王磊：可能会说："王磊，希望你以后需要我们一起做什么的时候，提前约一下，给我们一些时间，我们有我们的事要安排，不可能什么都能及时帮你，遇到事情我们可以一起沟通解决，我们也希望把事情做好，另外也别那么一本正经的。"

教练：为了更好的沟通合作，你希望自己未来采取什么不同的方式？

王磊：我感觉到我的同事可能不是不信任我，我们相互欠缺一些了解，对我做的事情，他们也愿意配合，可能是时间和意见不一的问题，我们之间的理解是重要的。另外，遇到问题我应让自己先平静情绪，关注我的目标和期待及他们的期待和需求。

教练：下一周你会尝试什么？

王磊：约我的两个重要利益关系人，跟他们有一些轻松地聊天，感谢他们对我过去的支持。

教练：祝你顺利！

第十二章

教练对话的
典型类型

知之真切笃实处便是行，行至明觉精察处便是知。

——王阳明

　　教练行业的从业者会感受到，教练对话大多无法提前规划设计，被辅导者的问题是多样的，想法是动态变化的，教练过程就是与被辅导者共舞的过程。但在不同的对话中，有些共性要素。

　　（1）厘清被辅导者真正的目标和期望的成果；（2）创造自我认知和觉察；（3）支持被辅导者发现可能的机会／动力／内驱力；（4）过程检测；（5）承诺行动和改变。

　　作为专业从事教练的，或组织内部管理者承担教练角色的，多会遇到一些典型性被辅导者问题和教练对话，下面介绍一些笔者在实践中运用的典型对话结构以供参考，当然对话类型和结构也绝非仅限于此。

第一节
问题解决对话

被辅导者遇到一个头疼的问题需要教练支持，如项目延迟，业绩下降等。

一、建立信任氛围

发生了什么？为什么？

感受是什么？

他人怎么看？对他人的影响是什么？

二、澄清期望的结果和不期望的结果

如果问题解决了，你期望的结果是什么？

如果达成你期望的结果，给你带来什么影响？给其他相关人员带来什么影响？

如果维持现状一年后可能结果是什么？给你带来的影响是什么？给他人带来什么影响？

三、找出解决问题的障碍

从当前现状到期望结果达成的关键成功要素是什么？

遇到主要障碍有哪些？

四、找出解决问题的可能方案及需要的资源

有哪些有效的方式解决该问题？还有什么？

给出补充建议参考

哪些方法是过去没有采取且有效的？

五、行动计划

你将会采取哪些方法和行动达成期望的结果？可给予建议，明确时间。

你需要什么支持？

我们以什么方式来回顾进度和成绩？时间？地点？

六、肯定并结束

案例

情境：有效推动组织变革

May 作为负责业务发展的副总经理最近非常困惑，她所供职的公司正在进行品牌变革。目前在战略上、体系上已进行变化，而在人员能力、工作习惯、利益关系人的工作风格及组织的硬件设施方面变化较慢，极大地影响了业务的拓展和目标达成。May 工作紧迫感很强，希望快速推动变革，但遇到很大的阻力，有些领导认为，业务增长很重要，有钱了才可以进一步投入新设施及人员。May 很想将所有业务拓展方面的困难讲出来，同时又担心领导等相关人员会认为她是在找借口，May 也想即使讲出来了，别人也解决不了，太难了，这让 May 对品牌变革能否成功信心不足，同时对自己的工作方式的恰当性也犹豫起来。May 很希望跳出这个困局。

点评：

一个组织在变革过程中，因变革的幅度和影响范围不同，都在一定程度上经历这些挑战，组织的变革、战略、结构、体系等物理变化多是较快的，而组织人员的工作模式、能力、信念等转变需要较长的时间。作为推动变革的管理者，需要有较强的信念和信心，认识到变革成功需要时间，不能一蹴而就，在过程中团结重要的利益关系人，并在决策和行动上达成一致。不断专注于过程中取得的短期成绩，不要仅仅专注预期的结果。May 在这个过程中，过于专注预期结果，使她总感觉没有成绩，有挫败感，信心下降；

同时 May 可能有一些自己的内心假设，担心如果她分享遇到的挑战，他人会认为她在推卸责任，因此只是低头苦干，没有勇气讲出遇到的挑战或运用恰当的方式来团结利益相关人达成共识。

教练的关键问题：

最困扰你的是什么？还有什么？

如果你从 5 年，10 年以后回头看现在的挑战，感受到什么？这些挑战对你的意义是什么？还有什么？

如果你是一位旁观者，观察现在遇到的挑战和困扰，它们来自哪里？环境？他人？自己？

哪些是通过你的努力可以影响改变的？哪些目前可行性较小？

你最想要的结果是什么？3 个月？6 个月？1 年？你想要的结果现实性怎样？

实现这个结果对你的职业生涯意义是什么？

假如你是一位资深的业内高管，你会给 May 哪些建议以帮助她实现目标？还有什么？

哪些建议对你有帮助？你现在最想做什么？过程有什么挑战？如何克服？

你还可以做些什么？哪些事情你认为对实现你期望的结果最有价值？

下一周你希望尝试做哪些不同的事情？

第二节
行为/绩效改进对话

组织中承担教练的管理者，当观察到或听到员工的绩效或某方面行为与组织的期望不一致时，管理者有责任与员工谈话，帮助员工提升改进，如员工会议迟到，自己未能认知到自己的短板、与他人沟通不畅，或对事情有抱怨的态度等。笔者观察到，有些管理者欠缺勇气进行改进型对话，在笔者与不同组织合作过程中，管理者常会问："如何有效进行反馈对话又不伤害对方的积极性？"

一、影响勇气对话的因素

1. 管理者的角色定位和信念

管理者认知到帮助员工成长是自己义不容辞的责任，帮助员工改变和达成组织绩效期望也是自己的使命。这个信念越坚定，管理者越有勇气面对员工绩效不佳的问题。同时管理者意识到与员工谈话的意图和初衷是帮助对方成长，支持员工成为更好的自己，并给他人带来更大的价值和贡献。

2. 管理者/教练自身的内心假设

直接反馈总是与负面的印象联系在一起，管理者担心员工知道自己某方面需要提升改进时可能会不高兴，受伤害或抵触，其实这并不完全是真实的，这只是我们的假设困住自己的行为。在笔者的教练实践中，被辅导者常常感觉收获最大的内容之一就是我给予直接的反馈。管理者希望"和"，不得罪人，古人讲"知和而和，不以礼节之，亦不可行也"，礼即是原则、规则，礼是和的根本，"和"不是单独的价值，如果为和而和，那就是乡愿。而"乡愿，德之贼也"。一味求和，没有原则迁就，当和事佬，看似不得罪人，实则背离了管理者的责任和组织原则。

3. 管理者/教练的观察不够

管理者给予反馈时可能会带主观成见，这会引起员工的抵触和不接受，如何应对这种冲突是很有挑战的，所以管理者会回避这样的对话。

4. 欠缺方法和沟通能力

很多管理者都是由于其业务能力优异而从专业岗位晋升上来的，在新的岗位上也会偏好关注业务的事情，对人员的沟通、对话的技艺需要不断提高。

二、行为 / 绩效改进对话参考框架

（1）建立信任的氛围。

（2）认可成绩。

（3）提供反馈：确保反馈的内容是观察到的事实；征求被辅导者的同意，如"同时，我观察到一些现象，可以就这方面给你反馈吗？"给予反馈时需要：

描述你观察到的行为；探讨当前行为带来的影响是什么（先问后说）；了解发生了什么，原因是什么，员工的想法是什么；探讨行为改变后给员工带来的积极的影响是什么；如果你这么做同事会怎样评价你；给你未来的发展带来怎样积极的影响。

（4）澄清期望并达成共识。

（5）探讨可能的障碍是什么：如可能的障碍和挑战是什么？已经采取了哪些方式来克服障碍？效果如何？

（6）表明对员工能力和提高的信心。如你过去的成绩……你的优势……我相信凭你的能力一定可以做到的。

（7）行动计划。如计划采取什么方法和行动来提高绩效，给出方法建议进行补充：以后有什么不同的做法？什么时间开始？需要什么支持？我们以什么方式来回顾你提升的进度和成绩？时间？地点？

（8）肯定并结束。

第三节
角 色 转 换 对 话

组织的高潜质人员经常有机会被提升为管理者，这主要是因为他们超凡的专业才能和个人业绩，而这些能力在新的管理岗位上有时却不能派上用场；睿仕管理咨询（Right Management Consulting）研究发现，40% 的新任领导者不能完全胜任他们的角色，体现在团队效率下降、内在冲突的发生等。

一、新任管理者的转换

1. 关系

基本上体现在人际关系方面的建设。当员工新晋升为管理岗位时，首先要了解团队成员及当前遇到的主要问题，并与利益相关人及时沟通，了解他们的期望，依此来明确团队的重要事项及优先顺序。

2. 能力：从我到我们的转换

从个人贡献、拥有信息和功劳到分享信息和功劳；从知道并拥有答案到提出正确问题，聆听和征询他人意见；从微观管理到授权，发挥他人优势并提升他人能力。

3. 自我提升计划

意识到自己的优势和短板，制定适宜的发展计划并执行。调查发现，拥有明确提升计划的新任管理者在新岗位上更成功。

二、中层管理者的角色转换

对于新任或就职于新组织的中层管理者，影响其绩效表现的关键因素为：

（1）人际关系智能：如何看待自己，企业文化，个人的灵活应变能力；（2）与新的团队或组织文化的一致性；（3）与新的团队和利益关系人快速建立信任。

在教练实践中，涉及较多的是角色转换对话，如快速与新的团队或利益相关方建立信任关系。管理者新到一个组织或带领一个新的团队，与团队建立信任关系至关重要。

案例

情境：如何快速与新的团队 / 利益相关方建立信任关系？

Candy 是一家快销行业法国公司销售和市场团队的总监，她 1 个月前加入，之前是在一家同行业的美资公司任职，如何更好地适应不同文化的公司并有效带领新团队是 Candy 渴望提升的地方。

教练问题参考：

目前公司的文化是什么样的？有什么特点？你的感受是什么？

你现在所在新团队的文化是怎样的？请描绘一下有什么特点？

你过去所在公司 / 团队有什么样的文化特点？

之前公司与现在环境相比较有哪些是相同的？哪些是不同的？

这些差异给你的管理和角色成功带来什么影响？

你将如何看待这些差异？差异带来的价值是什么？

你的利益关系人有哪些？他们对你的期望是什么？

你对他们的期望是什么？为什么？

请画出你的利益关系人的关系图：他们在组织影响力程度怎样？他们对你的支持 / 信任的程度怎样？他们之间的关系特点、个性、风格是怎样的？

你将会有哪些方式与重要利益关系人建立信任关系？

你在新的环境里可能遇到的挑战和风险是什么？如何克服？

你的角色成功的标准是什么？你的主管的看法怎样？你们双方共识的程度怎样？

你自己的优势是什么？在新的环境中发挥优势需要考虑哪些环境

因素？

你将会做些什么赢得新团队的信任？

如何发挥新团队的不同文化特点成为团队优势？

下一步你会先开始做些什么？

第四节
情绪管理对话

一、情绪来源

"情绪"是对自身心态的一种复杂的心理生理学体验，受内在的生理化学过程和外在的环境因素的影响，与性格、气质和动机有关。很多人认为情绪特别是负面情绪的产生，如生气、愤怒等是他人行为或外部事件引起的，会以一种情绪的方式来回应对方。而事实是，每个人面对外部事件的反应和感受是不同的，真正让一个人产生情绪的不是别人，而是自己看待发生事件或问题的观点和想法，不同的想法和感受带来的回应方式和结果可能不同。萨提亚冰山理论也阐释，一个人的情绪受到他的价值观、信念、期待和渴望影响，如完美主义者经常对自己和他人的期待很高，当这种期待无法满足时，就会失望，产生负面情绪。

心理学上把焦虑、紧张、愤怒、沮丧、悲伤、痛苦、恐惧等情绪统称为负性情绪，这些情绪给我们的身体带来不适，同时给我们的工作和生活带来影响。笔者曾经的一位客户是厂长，因为与业务总经理关系不融洽，经常感到焦虑导致失眠，严重影响身体健康；还有一位总经理，被任命到另一个区域承担总经理角色，因为新公司员工的能力和表现与他的期望相差甚远，他经常发火，使员工感到恐惧和压力，有一部分优秀员工离职，给组织绩效带来影响。

人类为什么会有情绪？基于脑科学家的研究，阿特金森博士在她的书 *Inner Dynamics* 中阐述，人类有三个大脑，即原始大脑（Reptilian brain）、情绪大脑（Limbic system）、理性大脑（Cerebral cortex）。每一个大脑被另一个大脑包围，都有其独特功能。

我们人类还有第四个系统，即整合一致系统，当我们有意识地整合内在三个大脑系统与我们的目标一致时，它就开始工作了，有效支持我们达成目标。

1. 原始大脑

它进化最早，最核心，与很多动物类似，它的功能是照看我们的身体并确保其安全。当我们遇到外界的刺激，感到危险恐惧时，会自动反应或攻击、逃开回避，让我们有快速的反应和行动来保护我们的安全。但是人们有时很难区分恐惧是来自于真正的威胁还是想象出来的威胁，因而恐惧情绪对我们有时是有价值的，有时会带来负面的影响。

2. 情绪大脑

它比原始大脑进化较晚，与哺乳动物类似，它会把过去的记忆和经验带到现在，就像"一朝被蛇咬，十年怕井绳"。心理学家研究发现，一个人的情绪会受到童年时代经历的影响。情绪大脑的一个特点就是保持长期的习惯和模式，当我们感受到对某个变化抵触，不舒适了，那就是情绪大脑在工作了。另一个特点是情绪大脑思考会有偏好、对错、好坏、这个或那个、黑白，即二元思维。因为情绪大脑也负责对发生的紧急事情快速回应，确保一个群体、家庭或部落的生存安全，有专家研究情绪比思维快6秒产生行动。

作为教练需要意识到，当一个人感到恐惧时，以上两个大脑联合起来控制我们的身体、行为和情绪，如对未知的恐惧、失恋的情绪等。

3. 理性大脑

它是最年轻、进化最晚的大脑系统，与原始大脑和情绪大脑不同，它支持人们想象还没有发生的事情，系统思考，关注未来及全局。例如，我们制定战略计划、创新、愿景，创建更好的方案和采取更有效的行动等。这也意味着，我们会受到过去经历的影响，但我们可以改变和超越过去，成为更好的自己。

通常我们的负面情绪可归纳为以下可能的情境来源，不同人对同一情境感受也不同，这与他对情境的解读，个人信息价值观有关。

（1）自己。自己的身体不适或疾病；个人的价值观和限制性信念、观点、如，非此即彼的思维方式，完美主义，更关注负面消极信息，评判假设或以偏概全，等等。

（2）他人。他人的语言或行为与我们的差异性；我们与他人的互动过程，如对失去、变化、感到恐惧和威胁。

（3）环境。如恶劣天气，自然灾害，环境污染等。

负面情绪也有正面的影响，它可能提示我们需要跨越，突破自我了，如我们第一次在会议上做演讲时会有焦虑、紧张的感受，或遇到一些重要决策、创新时，也会有茫然、恐惧等不舒适感。当感受到这些情绪时，我们做出何种反应会影响到我们的成长速度。情绪即是信息，当一个人处于消极情绪时，注意力更集中，关注细节，更容易发现问题和错误。

二、情绪管理对话框架

在组织中，笔者观察到管理者在工作中带来负面影响的情绪多源自对他人或环境的假设评判，或自己的价值观、限制性信念和观点。信念是自己认为可以确信的看法，对某人或某事信任、有信心或信赖的一种思想状态，是意志行为的基础。每个人都有自己的信念，它为我们的生活和目标带来指导和动力，而有些信念是由于我们不全面的了解形成的一种思维方式，经常会阻碍目标的实现。转换信念将支持被辅导者更有效地实现自己的目标。在对话中挑战被辅导者的假设和信念，转换视角，专注积极方面将有助于管理负面情绪。心理学家塞利格曼塞（Seligman）在 2002 年提出了转换情绪的 ABCDE 步骤，感谢前人专家们给我们总结发展的方法，下面是在教练实践运用中提出的主要问题。

Adversity：澄清发生事件

请描述发生了什么？

他说 / 做了什么？

你的感受是什么？

是什么让你有这样的感受和情绪？

Beliefs：你的信念 / 诠释

对发生的事情你是怎么看的？你的想法是什么？

基于什么你做出这样的诠释？

哪些是事实？

哪些事实支持你的想法？

哪些事实与你的想法不一样？

Consequences：行动和结果

基于你这样的想法，你当时做了什么？

这个行动带来的影响 / 后果是什么？

这个后果是你想要的吗？

Disputation：辩驳，信念转化

你认为的是事实吗？

你认为他这么做的意图是什么？这个意图是真实的吗？你判断的依据是什么？还有别的可能性是什么？

哪些是确定的？哪些是不确定的？

从……角度看，可能的理解是什么？如果是你的领导，他怎么看？你的同事？你的家人？

还有哪些不同思考问题的角度你没有采用？

还有什么可能性？

即使你认为的不期望结果发生会有什么影响？结果有你认为的那么糟糕吗？

你的哪些观点 / 信念阻碍了你想要得到的结果？

未来你想放下的是什么？

你想拥有不同的是什么？

Energization：激发赋能

对这件事情更有帮助的思考方式是什么？

拥有这样的思考方式 / 观点对你未来的工作 / 生活的积极影响是什么？

当你用新的方式诠释，你的感受是什么？

你会采取什么不同的行动？带来的影响是什么？

你下一步想尝试做些什么？

案例

情境：如何管理自己的情绪

韩先生在一家国际化保健食品公司承担分公司总经理角色，多年从事一线的业务及管理工作，使韩先生积累了丰富的业务规划和组织管理能力。他学习能力强，善于观察运用，过去的成功经验让他非常自信，并渴望承担更大责任并取得成功。3个月前，韩先生承担了另一个区域的总经理角色，这个团队成员均是老员工，很多方面未能达到领导的要求，使他非常着急和生气，有时会跟员工发火指责，之后韩先生自己也很后悔，清晰地觉察到冷静的沟通会达到更好的效果，但感觉自己控制不住。

点评：

韩先生的个性使他对自己和他人要求严格，急切的希望员工也像他一样，他发火时正面的动机和意图是希望员工能更严格要求自己，尽职尽责，积极锻炼学习，然而他表达的是指责，他的行为与意图不一致，情绪和感受未被表达，这给韩先生带来了自责，员工感觉到恐惧。因此，韩先生可以尝试觉察自己的情绪、正面的意图和动机，给自己空间和时间冷静，用语言表达自己的情绪感受及自己的正面动机，再给予改进的建议。

教练过程：

教练：发生了什么？

韩先生：这个区域有的经理和员工能力太差，总是做不到位，有时错了，说好几遍，下次还这样，让人生气。

教练：有百分之多少的员工和经理出现这样的情况？

韩先生：有两个经理，是老员工了。

教练：最让你没有能够控制情绪发火的情境是什么？那时你说了什么？做了什么？

韩先生：有一次一个经理向我汇报工作，同样退货的问题又发生了，我也说过几遍，当时就非常生气，说："能不能干，不能干就走人。"

教练：你这么说他的反应是什么？

韩先生：他很恐惧，其实我也很后悔，不应该这样，真是恨铁不成钢。

教练：你是如何看待这个重复发生的问题的？

韩先生：我就认为是他不负责任，没有把问题想在前面，能力太差。

教练：你认为这是事实吗？还有别的可能吗？

韩先生：应该有可能不完全是这样，他们也想把事情做好，很能吃苦耐劳，之前的总经理和我要求不一样，我要求更高了。

教练：当你生气的时候，你内心真正的意图是什么？你想要的是什么？

韩先生：我就是恨铁不成钢，他们要做得更好才能有发展的机会，希望他们能更好，同时也希望公司业绩增长。

教练：你对自己的期待是什么？

韩先生：希望在新的公司快速提升业绩，做出成绩，得到认可。

教练：这对你对他人的要求有什么影响？

韩先生：要求更高，可能也欠缺耐心，有些苛刻。

教练：他们对你作为新来的总经理的期待是什么？

韩先生：他们可能期望我跟他们沟通的目标和要求更清晰，了解他们的现状，有一些耐心给予更多的指导帮助提升，特别是遇到问题时听听他们的想法。

教练：如果你能很好地管理自己的情绪，在出现刚才员工汇报问题的情境时，你会有怎样的表现？你会说什么？做什么？

韩先生：我可能会先停顿一会，让自己有冷静的时间，稍平静后再问他，问题是什么？原因是什么？听听他的想法，一块分析原因，想办法解决，也问问需要我帮助他什么？

教练：当你这么做的时候，你的感受是什么？

韩先生：我感觉有成就感，我突破了。

教练：当以后出现类似的情境（期望未被满足），你有哪些方式让自己保持你希望的情绪状态？

韩先生：我的老板就是一个榜样，他总是遇到任何挑战时都能冷静面对，我观察一下他的做法向他学习，还可以像您说的先冷静停顿6秒钟以上，做深呼吸，或感觉自己要发火了，先倒杯水等。

教练：还可以做些什么？

韩先生：还可以先认可他们想把事情做好的愿望，就不会太指责了。同时我需要多看一些书，让自己更有沉淀，能沉下来。

教练：当你采取这些行动时，员工会感到什么不同？带来的影响是什么？

韩先生：员工会感觉我们的新老板比较有胸怀，做事沉着冷静，愿意帮助我们成长，愿意跟着他干。

教练：未来1~2周你希望尝试做哪1~3件不同的事情？你的计划如何？

……

第五节

冲突管理对话（与他人有效协作）

今天的组织必须通过个人、部门及团队之间的合作，共同努力，来提高竞争力。唇齿相依的各个部门、功能交叉的团队、矩阵式的组织架构，所有这些都是为了促进创新以及实现组织效能的最大化。然而，随着各方参与程度的加深，需要考虑的意见和看法越来越多，出现争端的可能性也越来越大。冲突的可能性在团队开始工作的一瞬间就已经注定。无论在与顾客、团队成员、支持服务人员、股东还是供应商的合作中，组织内各级别的管理者都可能面临冲突情形，并需要有效地解决。

"冲突"一词常常让人们脑海中浮现"对立"以及"大争端"的场面。实际上，冲突可以表现为更隐晦的形态。当对事实、方法、目标或价值观等方面存在不同意见时，冲突就开始萌动了。然而这些冲突在本质上并没有好坏之分，最终产生正面还是负面影响，取决于对这些差异的处理方法。

在笔者的工作中，每年需要与不同的组织合作，帮助管理者和员工提升跨部门协作和冲突管理能力，在教练实践中，大约有 1/4 以上的情境是管理者如何与重要利益关系人建立信任，解决出现的冲突。一些管理者经常问，有什么工具、模型和方法帮他们快速解决出现的问题，让跨部门同事支持他们，又能有效解决遇到的冲突。下面是笔者观察到组织内部员工不能有效合作或产生冲突的影响因素。

一、有效协作的影响因素

1. 本位主义

对个人或本部门利益，任务事项看得过重，这也是现代组织结构带来的必然产物。部门职能分界清晰，KPI 考核及奖励制度是根据个人和部门的绩效而定，而协作和支持他人并没有明确的标准。关注个人或本部门利益没有错，但它离优秀和卓越还很远。

在现在更多的矩阵式结构的组织中，绝大多数的项目和工作需要与他人或其他部门协作，一个优秀的管理者在关注个人的同时，也深知双方是互相依赖的关系，相信双方有共同目标和利益点，也相信利他也是利己，放弃对自己重要（好的）的以换取对大家都更重要的（更好的）。

2 全局观或战略思维

所谓全局观，即意识到事物诸要素相互联系、相互作用的发展过程，是指从更高、更宽、更长远的维度考虑问题和采取行动；是一切从系统整体及全局出发的思想和准则来指导与系统内部个人和组织、部门与部门、组织和组织、上级和下级、局部和整体之间关系的行为规范。

当一个人聚焦本位主义时，很难全局思考，他会认为，位置决定脑袋，"我是基层管理者，我的团队成功是最重要的"。如果不能全局思考，只关注短期和局部，部门间合作时很难找到共同目标和利益点，即使找到，也可能感觉不到这个目标对自己的重要性和意义。共同目标是需要从更高的视角去看、去找，如有的组织销售部和财务部门在合作上会发生一些分歧或冲突，销售部更关注结果，财务部更关注规范、标准和流程，在部门层级上找到共同目标不容易，如果大家互相看、向上看、向远看，理解双方期待背后的正面意图、对组织的长远影响、有什么方式对组织长远是有帮助的，就会更加相互理解并找到一些双方认同可行的合作方式。尽管有些人在基层管理的岗位上，如果需要有效的跨部门、跨组织合作，培养自己的全局思考至关重要。以下要点供参考。

（1）了解组织。你的角色与组织的关系；了解组织的战略目标；你的角色／部门与整体，长期利益与短期利益的关系以及其他各关键因素在实现组织战略中的作用。具体问题：

公司的愿景、战略目标是什么？

我们的客户是谁？他们看重什么？

我的／我们部门的工作对组织战略目标的价值和贡献是什么？如何增加价值？

我的利益相关部门分别对组织战略目标实现的价值是什么？

我与利益相关部门采取怎样的协作方式对组织利益最大化？

（2）组织规则意识。了解、理解组织流程和规则，有规则意识，尊重组织运作的规则，不因局部小利而轻易打破规则。因为规则是为了实现组织目标和战略而制定的，为了确保效率和秩序，它有一定的稳定性和持续性。在工作中，也会遇到有些组织规则限制了业务的发展和突破，特别是在互联网 VUCA 时代，外部环境不断变化，有些规则或流程已不能适应业务发展的需要，因此需要及时不断反馈和更新组织的规则，来支持组织目标的发展。具体问题：

公司在这方面的流程和规则是什么？

这些规则流程对组织目标的价值和意义是什么？

为了更好地满足客户的需要／给客户带来价值，哪些规则是可能需要调整的？

怎样的规则更有利于组织的发展？

我应与谁沟通？如何沟通？

（3）决策时通盘考虑。做任何决定时从不同的维度考虑，从组织层面，不同的利益相关方角度考虑。具体问题：

我在本部门内所实施的运营改善给公司的其他部门带来什么影响？

我在安排数项紧要事情日程时，如何考虑不同的利益相关方的需求对我日程安排的影响？

我做些什么来确保我／部门的决策计划能给我部门和其他相关部门带来价值和益处？

（4）利他意识。明确局部与整体的关系，在必要时愿意并勇于妥协局部"小我"和暂时利益，为了组织更高，长远的发展做出自己的贡献。

3. 二元思维

二元思维即非好即坏、非对即错、非黑即白、非善即恶、非此即彼。利兹·霍尔在《正念教练》中提到，我们的大脑喜欢把复杂的事物、完整的单元分解成很小的单元，处理起来就容易多了。这种思维只看到了事物相反的两面或两端，忽视了其他方面或两个极端之间的中间情况，而其他方面可能性很多，中间情况也往往是最普遍存在的。史蒂芬·柯维在《第三选择》中提到，缺乏第三选择思维是我们找到更好方案的最大阻碍。深陷二元思维心态时，看到的是我对你错，或你对我错，没有第三种可能，这种思维的人深受色盲之苦，自己创造了困境，特别是面对两难时深陷其中，难以逃脱。生活中经常会看到这样的人，或我们有时有这样的体会，"他们不同意我们的想法，那怎么办，而我们必须执行这个项目？""应该听他的还是听我的？"

用二元思维看问题的人，心中多产生不安全感，希望外界事物是可以掌控的，沟通时竞争性很强或不成功就逃避或顺从。在这种情况下，即使有好的沟通技能，也很难发挥。而我们自己创造的这种困境往往是虚拟的，大多两难困境也是不真实的，在两难之间，一定有别的可能性，有更好的解决方式。突破二元思维，可以从"全面""平衡""情境"和"效果"的角度思考和看待问题，寻求综效的思维模式。史蒂芬柯维在书中描述道，有四个步骤帮助我们在与他人合作过程中找到第三解决方案，突破二元思维。

（1）我看见自己。积极检视自己的内心、动机及既定的想法，即自觉力。能够客观评估自身的信念和行为，思考自己的思维，质疑自己既有的假定和信念。

（2）我看见你。我们经常看到对方不是对方这个人，而是我们自己对对方先入为主的想法，甚至是偏见。当我们完全尊重这个人，而不是冲突关系中的另一方，会发现对方是一个在人性本质上与我相近，拥有独特才华、智慧以及不同想法的人。会更愿意用一种爱、宽容以及包容的动机看别人，而不是用成见看待对方。

（3）我努力了解你。我们用同理心聆听了解对方的想法，这需要内在的安宁感，对自己的真实检验和由衷感谢他人带来的不同特殊观点。

（4）我与你合作发挥统合综效。通过双方共创来探寻第三解决方案，如我们是否可以一起探寻一个更好的方案呢？针对这个问题，如果有一个更好的我们都满意，超越现在的解决方案，可能是什么？大概是什么样子？有哪些方式可以创建这个解决方案？我们分别可以做些什么？

4. 人的差异性

由于每个人的经历、背景不同，因此都有自己不同的价值观、信念和做事方式。差异本身没有对错之分，但这些差异在人际合作过程中有时会带来分歧和冲突。笔者曾遇到一位生产经理，他个性内向，更关注标准、流程，遇到问题就按流程解决，与公司的运营总裁合作很不顺利。运营总裁个性外向，喜欢社交，做事灵活，有些问题通过非正式的沟通就能解决，因此双方互不认同，这给公司的顺利运营带来影响。

人们本能地倾向于相信自己的观点、方式是更正确的，对不同的想法、做事方式有些抵触。而更好的产品、更好的方案，更高目标的达成，差异却是力量也是必要的，如何运用发挥差异的力量是有效合作过程的重要功课。孔子曰："君子和而不同，小人同而不和。"我们因为相同而连接，因为差异而成长。珍视差异，可不断思考：

我们的目标是什么？

为了达成目标，我认为有效的方式是什么？为什么？

这个方式对实现目标的积极影响是什么？

他认为有效的方式是什么？为什么？

这个方式对实现目标的积极影响是什么？

有什么方式可以整合我们双方的优势来更有效的达成目标？

5. 沟通方式

沟通是技术，也是艺术，沟通既要解决问题，又要温暖人心。在与他人合作过程中，有些人有非常好的愿望和意图，希望快速解决问题、达成目标，就事论事，看似高效，有时可能埋下人际关系的隐患，特别是在双方不够了解或信任度不高时。笔者遇到的有些技术背景出身的管理者在这方面很困惑，遇到沟通的问题时，都不太清楚问题的原因是什么，而是更多运用了技术的方式来处理需要情感和艺术的问题。另外，我们不能忽视心理假设，史蒂芬·M·R.柯维在《信任的速度》中提到：人们倾向于用自己的动机来判断自己的行为，而用别人的行为来判断对方的动机，即如果我的动机和意图是好的，趋于相信自己的行为方式也是合理的，看到对方的行为不恰当，会更容易诠释别人的动机也是不良的。而这种假设在现实环境中有很大可能不是真实的，因为我们是依据我们的观点或假设来诠释他人的动机，这会引起沟通过程的不畅。另外，情绪也是影响我们恰当沟通的因素，特别是当我们在合作过程中碰到冲突时，可能会带有情绪（压力、紧张、愤怒等）在情绪状态时，人们灵活性降低，更可能会固执己见或回避，很难有耐心聆听他人的想法和背后的理由，而这时聆听和理解恰恰是有效沟通的关键。沟通专家总结发展的"沟通齿轮模型"有效地平衡了沟通的技术和艺术。

果敢主张：清晰明确表达自己的观点和期望。

坦率透明：表达想法背后的理由，对结果的影响，你的感受等。

好奇：提问征询他人的想法和观点，同时也检视自己假设。

同理心：理解他人的感受。

在这个沟通过程中体现了勇气与体谅的平衡，表达观点后要了解、理解他人，会对对方有更大的影响力。

二、冲突解决对话框架（见图 12-1）

下面这个对话结构是一位教练 Paul Jeong 在课上的分享，对笔者的教练实践很有帮助，当我们遇到与他人关系上的冲突时，有时其实是与自己内在的冲突，通过管理自我帮助我们更有效地建立与他人的关系。

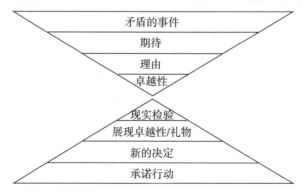

图 12-1　冲突解决对话框

矛盾的事件

发生了什么?

什么事情使你与对方产生分歧?

你不同意 / 反对对方的是什么?

让你生气的是什么?

期待

你希望怎样?

你对对方的期待是什么?

理由

你期待的理由是什么? 请描述 3 个你期待的理由。

你认为什么是重要的? (如人应该负责任、合作、守时等)

你希望对方怎样做会符合你的期望?

卓越性

你有这样的期待是因为你希望一个人拥有……的品质。(如合作,负责任,愿意帮助他人等)

哪些品质对你来说是重要的,也是你希望拥有的?

现实检验

是所有人都认为这个很重要吗?

所有人都是这样的吗?

当一个人认为这个很重要,能 100% 做到吗?

事实是什么?

你做了哪些假设? (对方没有按你期待的那样做,所以你认为对方是一个怎么样的人)

让你生气的结果是谁带来的? (对方不是一个不负责任的人,只是这次因为……)

展现卓越性 / 礼物

拥有这样品质的一个人,如果你的伙伴不理解你,你会怎么办?

拥有这样品质的一个人,如果你的伙伴没有满足你的期待,你会怎么办?

如果你送给对方一个礼物，来展现你的卓越性，你会做什么？

承诺行动

你有哪些新的觉察和发现？

面对发生分歧的事情，你有哪些不同的看法？

你会有什么不同的回应方式？

下面你愿意尝试做些什么？

案例

Andy 在一家快销行业公司工作多年，承担市场和销售的总经理。一直是一位具有激情、愿意突破自我并不断成长的管理者，在现在岗位上取得了优异的成绩。2 个月前公司新换了一位总经理，Andy 与新任总经理 8 年前在另一家公司合作过，曾经出现过一些分歧和矛盾，这让 Andy 感觉到不踏实。在近 2 个月的合作过程中，Andy 感觉新来的总经理与之前合作已久的领导风格迥异，遇到出现的问题不是分清责任，而是命令他去干。Aady 不认同总经理的很多做法，因而工作的热情下降；同时这也影响到 Andy 与团队的沟通，对不认同的事情沟通时，团队成员也感觉 Andy 欠缺动力，这将影响到团队的行动力。

点评：

Andy 在该公司工作多年，有丰富的相关管理经验，与上一任领导合作顺利，领导很认同他的管理风格；在与新任领导合作时，他内心经常会进行比较，对一些不同的管理方式就可能不认同；另外 Andy 与新任总经理过去有一起合作的经历，在一起工作的过程中曾出现过分歧和矛盾，这种过去的不愉快体验仍然可能影响着她现在面对总经理的感觉。

Andy 偏好工作要有清晰明确的责任，责任心很强，对自己部门和职责范围非常担当，也期待协作部门和人员都能各负其责，这也是 Andy 部门业绩一直不错并能快速晋升的原因。当晋升到更高职位时，仅对本部门负责的思维可能有局限，全局及为结果担当思维也很重要。同时 Andy 也希望事情能够按计划执行，当计划被打乱时，感觉欠缺掌控感，致使面对变化时有一种不踏实的感觉。

Andy 很希望在这个组织中有学习和成长的机会，也渴望自己有突破，能够有效地与新任领导友好合作，从全局出发，助力业务的成功。

在辅导对话过程中，教练需要支持 Andy 对自己有更多的觉察和认知，了解感受自己在组织中工作的真正动力和热情的来源。厘清现状，觉察在现状中她的期待和未被满足的期待，她的角色和责任。从客观的角度重新审视新任总经理，看到他的优势并产生渴望学习和合作的意愿。通过群策群力共创达成与总经理有效合作的策略和行动。

在变化的环境中，管理者需要专注于组织重要不变的领域 / 方面：关注客户需求并更好地提供价值；与利益关系人建立信任：聆听之旅，坦诚分享，助其成功；遇到界限模糊的责任，先担当再反馈。

教练的关键问题：

在工作环境中你认为最重要 / 不可或缺的 3~5 个主要因素是什么？

在工作中你希望成为什么样的自己是最满意 / 开心的？当你很有动力 / 激情时，你会有什么样的表现？

根据你的判断，给自己的状态打分（1~10），2 个月前多少分（10 分），现在多少分？（5 分）

在这 2 个月中发生了什么变化？（新的总经理）

你对新任总经理的期待是什么？

你有这样期待的理由是什么？请陈述至少 3 个理由。

你认为这些方面很重要，其他人也这么认为吗？事实是什么？

你现在对双方关系的觉察是什么？建立双方信任理解的突破点在哪里？

如果你是选拔该人承担这个总经理职位的高管，你凭什么选择该人？他的哪些优势特点让你信任他承担这个重要岗位？

基于你的发展目标，你可以从新的总经理身上学到什么？

你认为他对你的期待是什么？你怎么知道的？

在与新的总经理合作过程中你希望达成什么状态会让你更有动力和踏实的感觉？

你愿意为了达到这个状态付出努力吗？

你过去的哪些经验和优势技能可以运用，帮助你达到这个状态？

为了达到你希望的状态，你希望做些什么？

第六节
工作和生活平衡对话

工作和生活的平衡也是教练经常遇到的会谈议题，笔者曾经的一位客户是国际高科技公司在中国公司的供应链总监，在美国工作定居多年，担任供应链项目经理。她有 2 个孩子，分别上小学和初中，3 年前全家回到中国，她加入了这家公司担任供应链部门总监。兴奋之余压力来了，下属的管理，重要利益关系人关系，小孩的教育和陪伴，家人的沟通等让她非常焦虑，她希望在公司有所成就，孩子的教育又是非常关键的时期，她也逐渐感觉到，上级主管对她开始有些意见，下属团队也不给力，丈夫也抱怨她在家中的时间太少，忽视了小孩的培养和照顾。

一、平衡是什么

不同的人有不同的追求，有些人追求影响力和权力，向上发展，与强者接触，渴望资源与平台；有些人追求个人能力、专业与智慧的成长，希望思想、智慧、艺术上达到的卓越与精进程度，他们寻求完美、反复打磨，让自己炉火纯青，希望在某个领域的前沿或知识的顶峰；有些人追求在我们人生中多个不同角色中丰富又相互平衡；而有些人追求对生活的热爱与激情，能够活出自己本来的面目，他们渴望自由，探索内在世界，追求真实鲜活的生命状态，寻找自己存在的意义。我们经常会希望自己在各方面都完美，但多数是不现实的。曾国藩讲："小人求全，君子守缺"，你要些什么，就必须放弃些什么，不完美才是真人生，所谓舍得就是这个道理，这其实恰恰挑战我们人类本能的拥有欲。一个教练的陪伴会帮助这些管理者更能看清自己哪些可以放下，哪些非常重要，需要拿起来。在工作和生活平衡方面，以下看法可供参考。

平衡是一个人的选择，万事有得必有失，追求各方完美有时是不现实的，找到角色中心，保护好软时间；质量比数量更重要，在家庭方面提升爱的能力有时比时间还重要。

平衡是动态的，绝对的平衡是较少的；看待是否平衡，可从长期来看，而不是暂时。

工作和生活平衡更多是一种感觉，每个人对平衡的定义是不一样的，对工作的喜欢程度、个人的价值观会影响一个人对平衡的感受，一个人想要平衡，往往是想要工作和生活同时满意的感受。

平衡是一个系统价值最大化的体现，不同的阶段有不同的核心重点，在一个阶段内，总有一个维度方面可能更重、占比更大。例如，刚工作时，工作可能是生活的绝大部分，有一个紧急项目需要加快完成时，工作被排到更重要的位置上。当小孩小的时候，作为母亲可能照顾陪伴孩子是更重要的事情。

二、平衡对话结构

每个人在当下的现实情境中一定有潜力让自己能够更加平衡，让工作和生活更有满足感，这需要一个人有信心超越二元思维，发挥创造性，采取不同的做法。在教练中，笔者常用的对话结构和关键问题供参考：

1. 界定问题

你最不满意／挑战的情形是什么？什么时候？发生了什么？带来什么影响？

你当时采取了什么行动？感受是什么？

2. 定义目标：定义个人平衡的含义和目标

你是怎样定义工作和生活平衡的？

你希望达成的平衡状态是什么样子？

你希望平衡后给你带来的是什么？它们对你的重要程度是多少？为什么？

未来6个月通过你的努力你期望达成的结果是什么？（具体，可观察）

你怎样知道自己达成了期望的成果？情境？发生了什么？你的感受？

假如你已经可以有效地平衡工作与生活了，请描述画面：你看到什么？听到什么？感觉到什么？

当达成了你期望的成果，带来什么影响？对你现在？未来？工作？生活？

3. 探索现状

目前有哪些主要因素影响达成期望的状态。

障碍影响有哪些：（1）环境因素，如工作压力、客户期望、提早交货、经济压力等；（2）个人原因，如个人能力、转型期的能力欠缺等；（3）个性风格，如个人完美主义、对自己设有不现实的期待，希望所有角色及方面都做到卓越。还有价值观的因素，当个人价值观不清晰时，很难放下一些表面看似重要的事情。

厘清价值观更为重要：

现在最困扰你的是什么？为什么？

什么方面的事情对你非常重要但没有得到／做到？

生活中什么对你最重要？环境中哪些对自己最重要的东西没有得到？

对你最重要的清单中，如果必须放下一项，会是什么？

4. 探索策略和选择

（1）规划个人的职业发展计划；一个人的职业发展目标越清晰，越知道什么对自己是最重要的，什么可以放下；（2）沟通：告诉别人你的期待，越有可能达成期望的结果；（3）价值观搭桥：通过认知到自己对工作和生活真正的期待及需要满足的部分，看到双方的联接性，找出创造性的方式来满足两部分的需求。以下方式供参考：

工作满足感

工作中哪些对你的成功至关重要？哪些部分对你来说是最在乎的？

哪些是绝对不能放下的？哪些是可以放下或授权的？

哪些因素可使你更有效地提升工作的满足感和成就感？

生活满足感

满足的生活状态是怎样的？请描绘？哪些是你最在乎的／对你最重要的？

当你最在乎／最重要的方面满足后，你的感受是什么？有哪些关键因素对你在生活方面的满足感是重要？

创造性方式

在不影响工作最重要部分的前提下，有什么方式可以让生活更满足？

如果每天多出 30~60 分钟陪伴家人，在不影响工作满意感的前提下，你可以做些什么？

如果只有与过去相同的时间陪伴自己和家人，你可以做些什么来提高你们的关系和生活满足感？

第七节

探索生命意图/使命

生命意图是一个人真正追求的，对他的生命真正重要的东西，涵盖一个人内在的驱动力、渴望和梦想，是一个人最想要活出的生命状态。生命意图是从现在走向未来的一个旅程，它影响一个人的思想、信念和行为。当我们对自己的生命意图更为清晰的时候，将更好地做出选择和决策，把握关键时刻的取舍。生命意图对话是帮助一个人了解聆听自己内心深处的声音，什么对自己的生命真正重要，自己为之努力追求的是什么？

探索生命意图，可根据人类的主要需求类型，针对每一个需求进行深度探索，被辅导者觉察对自己真正重要的是什么。以下是对话流程和参考问题：

一、探索角色需求

在人生旅程中，你都有哪些角色？

在每个角色中，最重要的是什么？

在你的生命中，什么对你是重要的？为什么？

列出 5~8 个对你非常重要的部分？

他们的优先顺序是怎样的？请用生命平衡论描述：如家庭、工作、个人成长、身体健康、朋友、社会环境等。

二、基于每个需求部分进行深度探索

家庭

当谈到家庭时，脑海中浮现出的是什么？

在家庭中，你最渴望的是什么？为什么？

在家庭中，对你最重要的是什么？为什么这个重要？

当获得了你渴望的这个，它给你带来什么？对你的意义是什么？

请用 3 个词描述，在家庭中你真正在乎、追求的是什么？

工作

工作中，对你最重要的是什么？哪个对你最重要？请排序。

为什么这个重要？它给你带来的是什么？

当你获得了这个的时候，给你带来什么？

当你获得了这个的时候，你的感受是什么？

请用 3 个词描述，在工作中你真正在乎、追求的是什么？

个人成长

个人成长在你心中指的是什么？

为什么获得这个对你重要？它给你带来什么？

当你获得了这个的时候，你的感受是什么？

请用 3 个词描述，在个人成长中你真正在乎、追求的是什么？

身体健康

当谈到身体健康，你脑海中浮现出什么？

你心中的身体健康指的是什么？

一个人拥有健康的身体，会给他带来什么？

请用 3 个词描述，在身体健康方面你最在乎、追求的是什么？

社会环境

对你的生命很重要的社会环境指的是什么？

社会环境方面你最在乎的是什么？为什么？

当有这些方面后，带给你的是什么？为什么重要？

请用 3 个词描述，在社会环境方面你最在乎、追求的是什么？

三、愿景及生命意义

当你思考自己的生活目标时，脑海中会浮现哪些词？请用 3~5 个词描述。

在你的生命中，你希望影响到哪些人？给他带来什么价值？请用 3 个词描述。

在你 80 岁生日宴会上，你希望同事、家人、朋友及其他你在乎的人对你有怎样的评价？请用 3 个词描述。

四、创建生命故事

请将所有的词汇放在一起，合并归类。

在你的生命中哪 3~5 个词描述的内容对你最重要？

哪 3~5 个词描述的内容是你遇到任何困难也不放弃的？

请运用选择的 3~5 个词描述自己的故事：如我希望自己……

你的生命愿景是什么？（事业、关系、财务等）

五、明确行动

从上面的探索中你的觉察是什么？发现是什么？请用一句话描述。

你现在在做什么？

为什么你会做现在做的事情？

你现在所做与你的生命意图（职业，关系等）一致程度怎样？

带来的影响是什么？你的感受是什么？

在未来你希望多做哪 1~3 件事情让自己更有满足感？

在未来你希望少做哪 1~3 件事情让自己更有满足感？

未来 1 周你希望采取的行动计划和承诺是什么？

第八节
案例参考

案例一
如何更专注

当承担了更大的责任，感觉头绪太多，自己的时间不够用，又好像没有忙在重点上，如何安排优先顺序并专注不受干扰呢。

Stanley 到集团的另一个地区担任了业务副总经理的职务，比过去的管理范围更大、更广。他是一位有丰富行业知识及业务经验的管理者，曾有 5 年的团队管理经验。到了新的岗位上，他希望快速把业绩做上去，建立自己的声誉。然而，团队成员不稳定，直接下属走了 3 人，让他的想法无法有效落实。同时，由于当前的区域与过去不同，他对当地的市场、客户状况需要深入了解，对一线员工反馈的市场信息感觉不全面，因此亲历亲为去走市场，拜访客户，希望通过这样的方式来快速提升业务的增长。但是，内部有很多会议等事务性的事情，使他很难专注，Stanley 希望能更清晰自己的重要目标并保持专注，帮助自己在新的地区和岗位上成功，为组织创造价值。

点评：

Stanley 有很丰富的经验，对自己和团队的重要目标及优先顺序内心清楚，然而刚到一个新的岗位，内部的文化、工作流程等需要了解和适应，这花费了他很多时间，让他感觉到没有专注到自己认为重要的事情上。

对什么是重要的事项，管理者不同的阶段会有变化，对于转岗的高层管理者，文化的融合及与重要利益相关人的信任关系对其成功是至关重要的。对有些因业务背景强成长起来的管理者可能会忽视一些，偏好更关注业务一些。

平衡中长期和短期的计划是非常必要的，Stanley 知道如何做月计划、周计划，但却没有形成习惯，只是每天在心里做工作清单计划。

教练帮助被辅导者基于个人和利益相关人的期望聚焦至关重要目标，觉察到以前忽视或认为不重要的事项在其新岗位的初期是重要的，厘清目标后，检视现状，当前的时间和精力是否支持重要目标的达成，从而调整行为更为聚焦和专注。同时在聚焦重要事项的时候，需要少做或有勇气放下一些事情，如何放下又不带来负面影响也是被辅导者需要突破的成长点。

教练的关键问题：

你未来 6~9 个月希望达成哪些重要的成果 / 目标？未来 3 个月呢？达成这样的目标给你带来的影响是什么？

你的重要利益关系人是哪些？他们对你的期望是什么？他们最希望你在 6~9 个月达成的目标和成果是什么？你怎样知道他们的期望的？

基于你的目标和利益关系人的期望，你在未来3个月至关重要的1~3个目标是什么？在6~9个月至关重要目标是什么？

根据重要性给这些目标打分（1~10分），它们的优先顺序是什么？为什么？

想象一下，如果你已经能够像你期望的专注的状态一样工作，专注在你坚信的重要事项上，那是什么样的状态图景？

回顾你在过去2周的实际工作时间和精力，主要花在了什么样的任务／事项上？这些事项与你至关重要目标的关系是什么？

在未来3个月，哪些事情可以多做一些？如何确保有时间和精力多做这些事情？多做这些事情带来的影响是什么？

哪些事情可以少做一些？如何确保可以少做这些事情？对你在该公司的声誉和成功有什么积极的影响？可能带来哪些负面的影响？你会如何降低或消除这些负面的影响？

下一周你希望尝试做哪些不同的事情？

案例二

与上级领导有效沟通

我很希望自己能更有效沟通和表达，特别是当生意好的时候，有效地展示团队的成绩和贡献。开会时看到同事们都在表达自己部门的成绩，而我内心觉得结果好大家都能看得到就可以，没有很清晰地展现取得的成绩及过程中遇到的挑战和团队付出的努力显得较为被动；当结果不好时，也不好意思跟领导讲，担心老板感觉我是找借口，老板心中可能在想"没有不好的市场，只有不好的销售"，如何与领导更有效的沟通呢？

点评：

被辅导者过去从事销售工作，由于其优秀的业绩被提升为销售管理人员，现已从事销售市场管理工作多年，有很好的沟通和社交技能，沟通技能本身不是阻碍其有效性的关键。

沟通时视角和站位十分关键，被辅导者更多从本位出发提出观点，过去与高管沟通中有一些不够有效的经历，影响其自信心。

被辅导者有强烈的被认可的期待，同时担心自己的表现不够好带来他人的不满意，以至于犹豫、担忧而影响其行动。

因此教练与被辅导者从不同的位置思考方案、观察行为和体会感受及其行动和带来的影响，帮助被辅导者觉察到阻碍自己的一些限制性信念、他人眼中的自己、他人如何感受自己的沟通内容和方式及他人的期待，同时，通过头脑风暴共创更具体完善的沟通流程和关键策略来提升沟通的有效性。

教练的关键问题参考：

请想象一个场景，在开会时，你已经能够像你期望的那样，非常有效自信地展示团队的成绩，上级领导和他人非常专注聆听并由衷地认可敬佩你们的努力和贡献，你在做什么？在说什么？怎样说？你看到了什么？你的感受是什么？

在过去的会议中，你想象你期望的那样但没有那么做时，你当时在想什么？感受是什么？是什么阻碍你达到期望的状态？

回忆一下，你的一个下属，正在你组织的会议上表达自己团队成绩和团队的努力，你当时的想法是什么？你对这位下属的看法是什么？你是怎么说的？

回顾你的经历，从中找一个你非常敬佩，在这方面做得很棒／能够恰当表达的领导，他在这个情境中做了什么？是如何做的？你可以学到什么？

当你与领导沟通展示时，你的目的是什么？你希望达成什么效果？

如果你是总经理，你希望听到什么？为什么？

假如你是总经理，如果你的市场销售总监这么做了，你会怎么看？你的感受是什么？你对他怎么评价？你的建议是什么？

作为市场部总经理，你可以发挥哪些你已经拥有的沟通经验、技巧和智慧帮助你更有效地与领导沟通展示？

沟通前做些什么？

沟通过程中的程序是什么？

他人提出肯定或不同意见时你会如何回应？

下一步的你希望做什么尝试？

案例三

公司在变革，希望重塑品牌，占据高价值市场。在转换过程中，团队的绩效不尽人意，市场销售部总监非常困惑，如何快速提高团队的绩效

王敏在公司工作 6 个月，从同行业的国际公司空降过来，承担市场和销售总经理。她工作具有激情，有较高的紧迫感和驱动力，希望在公司重塑品牌变革后团队能快速在现在岗位上取得优异的成绩。公司的变革对员工的工作内容和方式也有新的要求，如要求对新的细分市场进行深耕，充分了解运用组织的资源和流程，在维护现有市场的基础上，开发新的市场，在目标市场上建立公司的品牌。而王敏在带领团队的过程中，感觉团队成员每天很忙，但与组织期望的要求有差距，成长慢。王敏希望快速提高团队成员的绩效。

点评：

王敏在该公司工作时间只有半年，有强烈的紧迫感希望快速有成果，虽希望优化员工，但环境因素限制必须带领现有团队成长，需要客观认识到员工在变化环境中的成长步伐和挑战。组织重塑品牌的变化给员工的工作内容和方式带来影响，员工可能还习惯于过去的工作内容和做法，虽然在学习，但转换需要过程和时间。

王敏可盘点自己的团队，让步调快的起到带动作用，借助内部力量推动团队的发展。在变革的情况下，管理者对要求和期望的沟通至关重要，目标要清晰具体，描绘目标的意义和价值，沟通后行动和及时的回顾、总结支持，短期成绩的认可都十分重要。

教练帮助被辅导者探索目标和期望的成果，使其清晰了解自己的期望及哪些地方未达成目标。清晰目标后可以检视团队的现状，他的时间和精力主要专注的任务，这些任务与目标和期望的关系，被辅导者可以自己厘清现状，并觉察自己和员工的当前行动需要改进的地方。

觉察到将时间、精力专注于重要的事情上，可降低其焦虑感。个人时间和精力的重新分配，把多于 10% 的时间和精力用于达成目标的关键任务上。

帮助员工更有效地分配精力和时间。意识到他们已有的经验和能力对目标的重要性，并发挥现有经验来支持目标的达成。

教练的关键问题参考：

提高团队的绩效表现具体指什么？哪些指标将能说明员工的绩效表现提高到了你期望的水平？

员工在变革时期对领导的期待是什么？对组织／领导的期望了解清晰度如何？承诺度如何？

哪些是促进员工提升绩效表现的关键要素？

高质量地完成哪些任务对期望结果产生最大的影响？

请用平衡论画出，以一周为单位，他现在的时间和精力分配是怎样？主要专注从事的是哪些事情？这些事情与你们共同期望的目标的关系是什么？

哪些事情是支持你期望的目标达成？哪些事情与目标是没有关系的？

为了达成期望的成果，将可以采取什么不同的策略和行动？

你要做什么不同的尝试？

案例四

与重要利益关系人建立信任

王伟在公司工作 8 个月，从同行业的国际公司过来，承担市场和销售的管理工作。他具有丰富行业和市场管理经验，愿意走入一线，了解市场及客户的需求，执行力较强。王伟的老板 James 是一位美籍新加坡人，65 岁，愿意相信下属。在王伟加入的前 3 个月里，双方关系很好，领导也很关心王伟的个人及工作状况。后来王伟在与 James 的秘书沟通互动中，发生过一次冲突，James 对王伟的行为做法有看法，并给予严肃的反馈。此后，王伟感觉两人关系渐渐疏远了，有时邀请 James 参加团队聚会也会被拒绝，同时也猜想可能是其他同事在 James 面前说自己不好的话会带来影响。王伟愿意将所有的教训作为自己成长的机会，也非常希望与 James 有更信任的关系，这对他开展工作、决策及工作动力非常重要。

点评：

王伟在该公司工作时间只有半年多，渴望与重要利益关系人形成信任的关系。对关系的变化较为敏感，同时也有一些个人的猜想和假设，会影响他与领导的互动。

王伟在与James合作的过程中，有些行为让James不满意，王伟个人的觉察和改变／成长很重要，如通过业绩结果及行为方式建立个人的可信度。

双方的了解和信任还不充分，意图都是积极的，但可能存在一些各自不同的看法，假设和猜想带来一些误会，因此双方的了解和透明沟通是重要的。

因此教练帮助被辅导者觉察在与James合作过程的行为表现，看到自己的改进点并及时学习改进；同时挑战对方自己的假设，抽离情绪，从主观转移到客观的角色上看待双方的关系、他人的行为，清晰客观的描述现状；好的关系基于双方积极的意图，同时探索建立关系的策略和方式。与James预约时间，进行有效对话；感激、征求反馈和意见，表达个人的想法并达成共识。

教练的关键问题参考：

发生了什么让你感觉你们双方不够信任？哪些方面让你感觉疏远了？是什么让你有这样的感觉？带来的影响是什么？

你与老板形成怎样的关系是你最期待的，请描述；你怎样知道你们已经形成了期望的信任关系？当形成了你期望的关系，你听到什么？看到什么？感觉到什么？

是什么阻碍了你们形成信任的关系？

回顾之前的冲突事件，假如你站在100米的高空中，观察这个冲突，在冲突中你的角色、行为和对方的角色、行为，你对自己的行为的评价是什么？你的领导的看法是什么？你们之间有不同吗？你从中学到什么？

James最看重和欣赏你的地方是什么？这些有变化吗？James对你有看

法或认为需要改进的地方是什么？你怎么知道的？

如果你是James，你会给自己提出什么建议？

如果有一位你崇敬的，有丰富管理经验及人际关系智慧的高管，他可能给你的建仪是什么？

未来哪些事情可能会增加你们的信任？哪些事情可能会破坏双方的关系？

为了达成期望的成果，你愿意采取什么不同的策略和行动？

案例五

跨部门合作

王磊在一家国际化的四星级酒店承担销售总监的角色，1周前，王磊团队接到一个重要客户的业务，该客户计划在酒店用餐两天，王很开心，并在公司的微信群中通知宴会部此消息，客户的用餐需求和价格定位。但在用餐的当天却发现食材备货不足，问其原因，是厨师长休假2天了，没能准备好，宴会部希望销售人员与客户协商改变餐饮标准，基于现有食材准备，这样的话餐饮价格标准下降了，这让王磊非常生气，当场就对宴会部人员发火，结果大家都很郁闷。总经理得知此事后一方一个过失承担，王磊接受了，但内心感觉非常不公和委屈，"我都是为公司、为业务着想，希望宴会部配合共同给客户提供好的服务，明明是他们配合不够，服务不到位，没有站在公司和客户的利益来考虑，结果却双方都要承担责任"。王磊很希望有更好的策略能够与大家一起协作服务客户。

点评：

王磊以组织利益，利润收益为重，这是管理者的优秀品质，同时他也期望他人都是这样想的，当他认为同事的行为没有符合他的期待时，就会质疑对方的动机，在与跨部门互动沟通时显现强势。

当由于协作不好出现问题时，王磊需要意识到一个领导需要从更高的角度承担一个以结果为导向的责任而不仅仅是各负其责。

教练问题：

教练：当知道一方一个过失单后的处理时，你接受了，你认为出了问题需要担当，同时你也感到有些委屈，感觉这个处理对自己不够公平。

王磊：是的，我都是为公司、为业务着想，而他们只从个人的利益出发，明显是他们的过失。

教练：你的同事是怎样看待这个事件的？他们是怎样看待你的？

现在请你站在总经理的位置上，你非常关注公司的利益和业务的发展，在这个事情上如何看待下面的两个部门：销售部和宴会部？

销售部做得好的地方？需要提升的地方？

宴会部做得好的地方？需要提升的地方？

你想对销售部说什么？对宴会部说什么？

你给他们一方一个过失单，意义是什么？

在这件事情上，你如何定义有效合作？假如你们的合作达到了你期望的状态，发生了什么说明达到了这个状态？你听到了什么？看到了什么？

为了达到有效合作的结果，有些事情可能是你不能控制的，你会做什么？有些是你可以发挥影响力的，你将会在你的影响范围内做些什么来促进你们的有效合作来服务客户？

你还可以做些什么？还有什么？

当你做了这些后，达成你希望的合作状态的程度怎样？宴会部的人员会有什么感受？总经理看法是什么？你的感受是什么？

下周你会尝试做什么？

案例六

全局思考

Hans 主管公司的市场和销售工作，在工作中经常会遇到涉及不同的部门的问题，虽然通过沟通各部门协作共同解决了，但 Hans 并不太满意自己的做法，他希望站得更高，更有格局去处理类似的问题，这对他的职业发展将有益处。

点评：

Hans 在业务管理岗位上有近 8 年的经历，积累了丰富的行业及管理经验，善于沟通，好学，不断追求卓越。在处理问题和视角上本能倾向于从自己的部门考虑，这可能由于他多年来一直从事一个职能工作带来的本能偏好。同时，从他的个性测评报告上看到 Hans 好奇心强并喜欢学习不同的东西，这对他的职业发展和视野开拓很有帮助，同时他也需要更为聚焦和专注。Hans 有强烈的愿望希望突破。

教练关键问题参考：

你指更高的格局具体是什么含义？为什么提升它对你很重要？都有哪些意义？

你希望多长时间自己有所不同？

你现在站在 100 米高空的气球上，俯瞰你的部门、你的公司及其他相关部门：

他们的目标分别是什么？他们的挑战分别是什么？

是什么把他们连接在一起？

他们是如何相互影响的？

假如 6 个月后，你突破了，提升了，达成了你期望的更高格局的状态，你如何知道达到了你期望的状态？你会感觉到什么？会听到他人说什么？

当你已经突破了，你对之前跨部门合作事宜怎么看？会有什么不同做法？会带来什么影响？

假如现在你就是公司的总经理，请站在总经理的位置上，你的感受是什么？你的目标是什么？你的挑战是什么？你是如何应对挑战的？

你现在就是总经理，你对之前的部门协作问题怎么看？你最看重什么？你会给相关部门什么建议？

你希望通过有效协作的结果带来的积极影响是什么？哪些人会受到影响？短期？长期？

针对这件事，如果你是对方，你的想法是什么？为什么？为了达成你的期望状态，你已经在做什么？效果如何？

你还希望做些什么？

未来三周你希望尝试做哪1~3件不同的事情帮助自己更有格局的处理问题？你的计划如何？

第四部分

团体教练

第十三章

团体教练

概论

诚则形，形则著，著则明，

明则动，动则变，变则化。

——《中庸》

第一节

团体教练简介

团体教练在人才管理和组织发展领域被提及和应用得十分广泛，在领导力发展项目中常作为促进内容应用和学习者行为转化的重要方式，也应用于行动学习的共创解决问题中，在组织或团队的解决问题及绩效提升方面等。团体教练在实践中多分为两种类型，即团队教练（Team Coaching）和小组教练（Group Coaching），二者内涵和实施方法上有相同的地方，也有差异性。

一、团队教练（Team Coaching）

运用于 6~12 位成员的团队，基于一个共同目标、项目或议题，在教练过程中，团队将被视为一个整体，在相互信任的环境中，共同澄清目标、检视现状，共创方案及落实行动等过程，帮助团队提升效能和绩效表现。团队教练过程，类似于一对一个人教练的方式，团队被视为整体，教练需要充分信任团队，十分敏锐觉察团队动态，相信团队拥有卓越的创造力，并创造一个积极向上、充满信任的氛围。团队教练也需要系列课程，通常实践为 3~6 次，每次 2~3 个小时，针对一个团队 9~12 次更为有效促进团队的绩效提升或行为改进。每次课程后有任务和行动，下一次需要回顾检视行动及进展。

二、小组教练（Group Coaching）

克拉伦斯·马勒（Clarence Mahler）在 1969 年对团体咨询定义为，借着团体动力，成员的沟通互动以促进成员间更深的自我探索，自我了解和自我悦纳的历程。这与小组教练的内涵和目标很相似。在组织中，小组教练多被定义为针对 6~12 位来自不同职能部门的员工或管理者（每个人带有自己的问题和挑战），通过引导者／教练与成员的共同合作，在相互信任、接纳的氛围中，成员共同探讨，反馈，建议或经验分享等使每位成员对自己有更深入的了解、省察和思考，对自己的问题有更深入的、不同的看法，在观念及行为方面有所改变，并针对具体问题共创更有效的解决方案。小组教练多为系列课程，如 3~6 次，每次 2~3 个小时，每次课程后有任务和行动，下一次需要回顾检视行动及进展。

目前业界有多种类似团体教练的人才发展方式，如培训后应用跟踪工作坊、教练圆圈、行动学习教练、个人成长互助团体等，多属于团体辅导和教练的范畴，一般情况团体辅导目的多为建立成员间相互信任关系，相互了解学习；转换思维共同创造解决方案，通过激发内在动力和承诺，促进持续性的改变成长。目的不同，在过程中，教练／引导师干预的程度也有不同。如培训后回顾跟踪工作坊，就不是典型的团队教练或小组教练，培训跟踪工作坊，多以培训内容为导向，也就是引导师设定主题，通过学员对学习内容及应用的回顾，进一步深化理解内容，分享应用过程的成功案例、鼓舞成员，共同探讨在应用过程中遇到的挑战，并针对具体挑战共创解决方案。这个过程引导师干预较多，如经验建议及理论内容的分享等。

第二节
团体教练的价值

一、增进相互信任

我们经常说成员间的信任，是基于个人的品格、态度和行为，Bell Atlantic 研究显示，信任的重要基石是开放、真诚、聆听、尊重、表现的一致性。在团体教练的环境中，教练引导建立相对安全的环境和氛围，成员会更为坦诚地分享自己的目标、梦想、成绩和优势，同时也更有勇气分享自己遇到的问题、挑战和困惑，以及自己需要提高的地方，大家有了更深入的了解，才能感同身受。有些公司，跨部门协作遇到一定挑战，其中原因之一就是不够了解这个项目或任务对组织、对对方有多么重要，当我们了解并感受到了，就能更容易跨越本位，站在不同的位置上看问题和做事情。

有专家提出，团队合作的成功因素有很多，但其中一个重要基石就是成员之间的关系，即合作关系是存在于两个人之间的，因此，每两个人之间相互信任的程度直接影响团队的合作，如 A 与 B 的关系，A 与 C 的关系等。

团体辅导过程中，在保密原则前提下，进行多轮两人的活动及教练练习，成员也成为自己的一面镜子，给予真诚的反馈，使自己获益良多，也增进双方的信任关系。

二、提升创新解决问题的能力

爱因斯坦说："我们无法在产生问题的思维层面来解决问题。"成员在工作中遇到一些棘手的问题和挑战、因个体的视角、资讯和经验有限而陷入困境。在团体教练课程中，成员带来不同的背景和经验，多元的观点，甚至是完全不同的思路和视角，帮助成员跳出自己原来的思维框架，去探寻不同的思路和方法，为问题拥有者提供非常有价值的参考和启发。这就需要团队成员的组成更为多元化，避免同质性。例如，在行动学习的小组辅导中，成员的组成非常重要，最好来自不同的部门，没有上下级关系或过多项目专家，这样有利于创造性地解决问题。

三、提升沟通及冲突解决能力

团体成员互动沟通是团队达成教练目标的重要方式，互相坦诚分享表达、聆听、提问或挑战对方，引发思考，建议及反馈方式等。在这个过程中，由于成员的多元化特点，可能产生分歧和异议。冲突多来自：大家对一个问题信息掌握的不对称；大家处理问题的方式差异；各自的目标或优先级差异；情绪的影响及价值观等的差异。

管理分歧和矛盾并借力于分歧产生创新方案是团体辅导教练的关键角色和任务。通过团体教练敏锐的观察和适当的干预，让成员看到及感受到自己的目标及共同的目标，促进成员在安全的环境下分享，听到异议时，打开心智和心灵，能够开放聆听，更有效地回应，提出问题并进行建设性的互动。

四、促进承诺及行为改变

各种人才发展方式的重要目的是支持人们的改变和成长，从而提升组织绩效和个人的生活品质。笔者多年在人才发展领域工作，总是听到组织管理者对成员的思维和行为改变感到无能为力，尽管举办了很多培训和工作坊，但见效不显著。一方面，管理者自身对人员改变的原理和动力不够了解，从而产生不太实际的期望。另一方面，与我们现在的人才发展方式有关，比如，组织花了大量的时间和经费来举办培训，而在如何将培训与工作实际需要改变的行为连接上着力不够，理论上有很多方法，但在组织实际的实施执行过程遇到挑战，如管理者的支持，学员的时间投入和承诺等。团体辅导是一个容易操作实施，并助力于学员实践所学和行为改变的方式。因为，团体辅导不是以知识内容输入为主，而是以学员的目标、问题和挑战为导向，将培训中学到的及学员自己已有的经验、知识、工具和智慧发挥出来解决问题达成目标，在需要的时候，教练也会分享必要的知识和工具，但目的是围绕学员的问题和目标。同时，团体辅导需要一定的次数，如 3~6 次，每次有任务和行动计划。实施计划也是团体辅导的重要任务。通过多次持续的内化、实践应用，排除障碍，鼓励激发，对成员的行为改变更有帮助。

五、经济投入产出比高

一对一教练辅导在许多组织中运用帮助管理者成长和提高，但如果所有管理者的发展都应用一对一方式，那将需要多少经费资源？需要多少教练资源？由于中基层管理者遇到的问题多有普遍性，以团体方式进行辅导，如小团体为 6~12 人，既节约时间，也省人力，又符合经济原则。

第三节

团体教练的角色和责任

一、团体教练过程的挑战

团体教练是一种用于帮助、支持、推动团队达成目标非常有效的方式，在辅导过程中，教练需要敏锐觉察意识到可能出现的、会阻碍期望目标达成的一些挑战。

（1）团队成员信任度低，防卫心理，不能开放分享。当团队成员彼此不够了解，感到不够安全时，分享就有顾虑，或有人分享时，被评判、指责等都会让人关上心门；当大家表达意见时，难免观点想法不同导致争论或对抗，处理不好的话被辅导者会感受到被拒绝或挫败感，这直接影响了团队辅导的价值和目标的达成。同时这也是一个团队形成过程中常见的现象，因此在团队建立初期，建立关系和使大家感到安全的规则很重要，整个辅导过程都是建立信任的过程。

（2）从众效应或有些成员被动依赖。在团体互动中，经常有少数服从多数的现象，但多数不一定是对的，因此有些人尽管不同意也不讲出来，只能照办，团体的压力使人倾向于服从；团体中有一个或一些人在风格上更为强势，或在讨论的主题上更专业，其他人也倾向于顺从或依赖。这直接影响团队的创造力和成员的积极性和承诺度。笔者曾经带领的一个团队出现过这样的现象，在讨论的项目主题领域，团队中有一位成员是咨询公司出来的，有该领域的经验和知识，这本是非常宝贵的团队财富，但由于该成员风格较强势且职位较高，在一次会议上，他只是在分享和安排任务，其他人只是听从安排，笔者观察到有的人已经游离，积极性降低了，有的人只是在听和学习，如果不及时干预，虽然可能完成设定的任务，但未能发挥团体每一位成员的创造力（而这恰恰是团队辅导的重要价值）。

（3）团体决策或解决问题效率低，时间长。对有些人来说，参加团体解决问题的时间要长，需要成员讨论问题，倾听别人说话都需要时间，感觉效率低，这需要团体成员意识到，团体解决问题的结果很重要，但过程更重要，过程是管理者真正学习实践的过程，践行自己领导力的过程。在团体决策过程中，如果大家不够信任，存在自我封闭，从众效应等，这时教练不能恰当地干预，团队决策比个体决策会更糟糕。

二、团体教练的角色和责任

当团体的目标是解决问题、做决定时，常常被团队成员无目标、无方向的行为所阻碍（讨论问题时，常常未能抓住主题和要点，有时有人独占话题，其他人保持沉默）。作为团体教练，其能力和艺术是需要协调运用多项教练技能、引导催化技能，如同协调多块肌肉完成某一动作一样，在观察团队和与团队互动过程中作出选择。教练也要敏锐觉察团队系统的状态和发展动态，通过提出问题，帮助团队成员了解自己、总结认可、适时干预、适时而退。教练有时像一位观察者，能时时敏锐地察觉到团队的动态，当团队健康，在正确的轨道奔向目标时，教练可以给予鼓励、喝彩；当团队偏离方向，遇到问题或关系紧张时，教练需要干预。教练的位置既需要与团队很紧密，又不能太靠近，要找到边界，以利于团队的独立发展和教练便于观察作出客观判断。教练需要悬挂评判，坚守"有意识无知"。教练有效承担其角色和责任对达成结果非常关键。

1.澄清问题和确认目标

在团队讨论过程中，看到问题后团队成员容易很快进入分享个人的观点及解决方案的过程，而对问题本身还没有真正的认识和理解，对希望达成的目标和结果并不清晰，这是在团队辅导中常见的情况。

成员似乎有一种习惯和强烈的渴望去找到如何解决问题的方法，当问他们对问题清晰度的了解程度时，绝大多数给出的回复都小于 8 分（10分为非常清晰）。在这种情况下，急于分享个人对问题的观点和经验实则对达成期望结果不利。团队教练需要及时引导团队澄清问题，并让每个人提出对问题的疑问，明确大家对希望达成目标的共识。例如，在大家提出问题解决方案之前，首先对问题本身及阻碍问题解决的关键因素有真正地了解，以确保大家专注于同一件事情上。在这种情况下可以提出问题，例如：

我们要解决的问题到底是什么？

现状是什么？发生了什么让我们认为这是个问题？

如果用一句话描述问题，你会如何描述？

如果问题有效得到解决，我们期望达成的结果是什么？

为什么这些目标对你很重要？

如果不能实现目标会带来什么后果？

如果不能实现目标，谁会受到伤害？

如果不能实现目标，你的痛楚和担忧是什么？

这个行动是为了解决什么问题？

如果团队实施该方案，可以改善当前什么不满意状况？

通过实施这个方案，可以应对哪些问题？如果这个方案实施，团队需要解决哪些次要问题？

哪些事情是我们下一步需要聚焦讨论的？我们需要完成什么？什么时间？

团队成员的讨论有时会偏离目标，教练需要及时提示，停下来重新看团队进展到哪里了，到了何种程度，使团队能更聚焦目标，清晰地意识到团队还需要完成什么。

2.协调促进沟通

团队沟通比较复杂，不同的人带来不同的期待、想法、态度、价值观和经验等，每一个人对团队都有独特的贡献，但有时，有的人很愿意表达自己的观点，聆听较少，并试图说服影响他人；有的成员不喜欢冲突可能会被动跟随，甚至游离；有时有的成员语义表达不清楚、不具体。这都需要教练及时觉察并协调，从而促进有效沟通和学习，创造性地解决问题，以下的方法供参考。

（1）提示团队规则，建立规则使每个人感觉到安全的氛围，每个人在规定的时间里都有发言分享的机会，当一个人发言时，其他人聆听并提取要点；或让每个人在便利贴上写出自己的想法，然后分享；团队可以在沟通后检视觉察是否分享自己及听到其他每个人的想法，珍视不同想法带来的价值。

（2）当观察到成员表达语义不清晰时，可以协助团队澄清，"你刚才表达的意思是什么？具体指什么？其他人都清楚吗？"

（3）当成员间的观点想法有差异时，看到不同成员意见之间的关系及对目标的价值，指出来帮助团队觉察想法/建议的焦点，看到共创想法对目标的意义。

3. 观察诊断

在团队的讨论过程中，会有沟通、互动的模式，成员因都身在其中，对进展状况及是否聚焦主题等状况可能没有觉察，这时教练需要作为观察员，观察团队的动态发展，并帮助团队检查其有效性，促进团队更有效地沟通和进展。作为有效的观察者，教练需要把握与团队的边界，头脑中没有杂念，专注于当前发生的一切现象、信息、状况。同时头脑中清晰团队的目标及希望达成的结果，并敏锐地提取观察到的信息，分享对目标和过程学习带来的影响。

有时，团队成员讨论中遇到困难或被卡住了，教练需要觉察并协助团队认清障碍，一起找到思路，克服困难，促进团队的进展。对此教练可以通过问题的方式：

发生了什么？困住我们前进的关键障碍是什么？

为什么它是关键障碍？对目标的影响是什么？

我们想要的结果是什么？

有哪些方式让我们可以突破障碍？还有什么？

这些方式／观点对我们达成期望结果有效程度怎样？

4. 激发、认可

研究结果显示，人们对自己能力的看法直接影响工作积极性及表现水平。感到自己有能力的人将在工作中表现得更胜任，感觉能力不足的员工成功的可能性相对小一些。加强人们对自我能力的信心是有效领导的基础。作为教练，笔者认为无论是团队教练还是高管一对一教练，要相信对方具有优秀的天赋和品质，圣人之道，原存于心，只因妄念、迷惑，自己不能清晰认知。《中庸》开篇就说"天命之谓性，率性之谓道"，人的自然禀赋中的诚性，原初的天性具有永恒的力量，但因为现实环境的种种障碍使它常常被埋藏了，这种内在的、深刻的、能够超越自己的本质和能力有时未能觉察，平时他人也倾向关注一个人的弱点和改进领域，使人们不能充分在工作和生活中认知并展现自己原本优秀的品质和才华。我们倾向外求，忽视了自己原本拥有的丰富资源。因此，教练需要相信并时时观察团队成员表现出来的优秀品质及未表现出来的可能潜力，并及时描述给予认可，提升成员的自尊和自信，使成员将在接下去推动目标的行动中更多展现。如果一个人的自尊提高了，那么他就能不断提高表现的积极性及内在的动力。

5. 促进学习和行动

（1）挑战成员假设，促进扩展思维，发现新的想法。

团队进展过程中，有时会被卡住，感觉无力，不能找到有效的策略。其中重要原因之一就是成员的假设或个人的限制性信念。如"我们该用的方法都用过了""这个太难了""我们没有资源""让领导同意很难"等。每个人由于过去的经验、经历形成了对事情的看法和判断，形成的这些信念一定程度上决定一个人如何经历生命，而信念有可能是生活工作的助力，也有可能给我们带来阻力。团队成员在推动结果的过程中，可能是基于一直运用的"向过去经验学习"的模式，或者对成功的信心不足。《U型理论》作者奥托博士研究得出：在领导力和日常生活中存在一个巨大的盲点：这个盲点不是做什么（What），如何做（How），而是领导者行为的内在发源地（Who），即不是采取什么方法策略及如何做，而是作为团队和个人，我们是谁？我们拥有什么？我们的内在动力是什么，即人的状态。在团队互动过程中，经常观察到，成员最关心"做什么？如何做？"这在一般的问题上是有效的，而面对复杂性问题，还远远不够。因此，教练需要适当的介入，提出问题，挑战成员的限制性思维，拓宽视野，转换视角。以下问题供参考：

当我们说"不可能"时，我们的思考依据是什么？这个依据是绝对的吗？还有哪些其他的依据或事实我们没有看到？

你认为实施／改变很难，改变有可能吗？如果有可能，可能是什么？

你想做出改变的内在动力有多强？如果做出改变，它给你希望自己成为的样子带来的价值是什么？

面对这个问题真的没有办法吗？假如是你最尊敬的经验丰富的领导，他／她对这个问题的看法是什么？他／她会给你什么建议？

假如你是这个世界上唯一对这件事情能够产生影响的人／你100%负责此事，你会做什么？

你拥有哪些优秀品质？发挥哪些品质和优势让你更有效地面对这个问题／挑战？

（2）提炼洞见并扩展。

自由分享自己的想法和观点，这其中不乏很多新观点、创意、新洞见，也有很多值得成员反思感悟、对其领导力提升有帮助的道理，这些火花如果不及时总结描述，会稍瞬即逝。团队教练需要发挥敏锐的观察和感知能力，当判断到有价值的观点时，澄清理解，抓出要点，陈述并与大家一起感知该要点对团队目标的贡献，以及对领导能力提升的价值和意义，并在此基础上可以适当深化，连接成员的自我觉察和认知，使成员感受到我们一起共创想法的价值及对目标和成长的贡献。例如：

刚才我听到……说到……这个点与我们之前提出的差异是什么？

我们从中有哪些发现？它的新意是什么？

这个点对我们有哪些启发？

我们如何运用这个点于目标的推进？

（3）适时给予参考建议。

给予或分享参考建议是团队教练的重要责任，我们经常认为作为教练不能给建议，只用提问，如在前文所提到的，建议也好，提问也罢，都是手段，团队和被辅导者的成长和目标更为重要。分享建议绝不是给予答案，团队通常遇到的复杂性问题也没有标准答案，给予建议是教练作为支持团队取得进展的资源之一，提供成员可以参考的思考路径，帮助成员可以借鉴并在此基础上拓展。例如，当团队成员在探索如何影响上级领导赢得支持时，教练在恰当的时刻可以提供一些影响力的框架工具和研究证明的最佳实践。虽然笔者认为给予建议是团队教练的责任，但不等于随时给予，这样会抑制团队成员的创造力。现实中我们经常会有强烈的想帮助团队的意愿和动机，当遇到问题时就有给建议的冲动，而成员往往也期待渴望教练提供帮助方法，这也恰恰是教练需要自我觉察和管理的。因此，教练需要感知给予建议的时机，以免建议成为团队成长的干扰，抑制了团队成员的潜力发挥。

（4）提升成员对目标和行动的承诺。

团队教练一般是3次或以上，每次结束一定有推进目标的任务，任务是由成员共同确定选择需要采取的行动。教练需要帮助成员看到或感觉到行动和任务与大家期望达成目标的紧密关系，如果行动对结果的支持作用不明显，就需要再次选择，每位成员是否承诺并有效地采取行动是团体教练是否成功的关键。可提出以下参考问题。

我们在未来2周需要采取什么行动来有效推进目标？

这些行动对目标的贡献度/影响程度怎样？（1~10分）

实施这些行动的准备度怎样，即多大程度在我们的影响范围？可行性如何？

如果要实施的行动对目标贡献较大，同时又有准备度，我们的选择是什么？

实施这个选择的行动，你们的承诺度是多少？（1~10 分）

在采取行动的过程可能遇到的障碍是什么？如何克服？

（5）时间和流程管理

一般情况一次团体教练大约 2~3 个小时，在这有限的时间里，需要所有成员共同发挥潜力，创造结果，达成我们设定的目标，并在推进目标的过程中，每个人有所学习和突破。而在团队互动中，有些成员经常沉浸在话题讨论中，有时会忘记了我们原来设定的目标。例如，讨论开始 30 分钟了，有些成员还在激烈地讨论上一次行动任务中遇到的问题，有的人滔滔不绝，这就需要教练观察团队进展情况，在设计的辅导流程中，时间有大致计划，但又不执着于原定时间计划，根据团队的发展情况灵活判断。团队的成长和目标的达成比流程更重要。一般情况下，在第一次的团队辅导中，建立安全的氛围和相互信任的关系至关重要，占有大约 15%~20% 的时间，结尾行动计划和承诺大约占有 10% 左右，其他时间为目标设定及团队的互动，共创过程。如果第二次或之后的辅导中，前 15%~20% 的时间为前一次行动任务进展的回顾及探讨如何应对遇到的挑战和障碍。应该确保每一次团队会议，成员能够看到、感觉到自己在能力上的提升、思维上的突破、行动的推进及向期望目标的靠近，增强团队对目标的信心。

第十四章

团体教练的
方式和流程

君子和而不同，小人同而不和，

君子泰而不骄，小人骄而不泰。

——《论语》

组织不断追求一个目标，即结果和更好的结果。为快速和有效地达成目标，组织在持续不断地寻求新方法、工具和流程上的创新，团队教练作为一种有效的干预方式应用于团队效能的提高。

第一节
团队教练流程与实践

一、团队的特征

一个有效的团队不是自然形成，而是在合作过程中通过恰当的带领和指导发展形成的。真正的团队要有自己的目的、目标并能够清晰描述，成员对目标有清晰的认识和认同。为实现目的，团队要有自己的架构、流程和有效的沟通，有效的沟通使成员间能够坦诚、真实的对话，这是基于团队成员间的信任。

团队是一个鲜活的，有其过去、现在和未来，是有个性和规则的系统。团队就像人体系统，处于动态的发展变化当中，不断地适应外部的变化，有时会遇到挑战，处于混乱状态，在挑战中不断成长，形成团队的自身能力和免疫力。

在一个以目标结果为导向的团队中，人的利己倾向不能得到纵容，承诺将集体的利益放在个人前面，才能为了共同的目标而努力。作为团队辅导教练要敏锐意识到成员可能出现的自我倾向行为，并及时给予恰当的引导。一般情况下，自我因素来自一个人的自尊／自负，或个人的职业发展或直接利益影响，或本位思维（我的部门，我的项目的利益等）。

作为团队的领导或教练，需要相信团队的能力和创造力。有时，我们会本能地关注团队的弱点、能力缺失、问题、令人不满意的现象，并以此为出发点来寻求解决问题的方案，这时团队中可能弥漫着不信任、怀疑、指责、无力、恐惧的气氛，在这种环境中，很难发挥我们的能力和潜力来创造卓越。当我们相信团队拥有创造力、能力，更多关注团队的潜力时，我们可倾向于创造出一个积极向上、充满信任、鼓励追求卓越的团队氛围。教练过程中遇到挑战时，提供支持并视挑战为学习的机会和成长的契机。在一个高效的团队中工作，人们都渴望做出贡献。作为自然规律，归属感和做出贡献是人类可持续发展的根本动力和使命。

二、团队辅导流程

团队教练一般运用于团队的绩效改变（如团队业绩突破性增长）；团队能力和行为的改变（如团队变革管理，投入度等）；也常运用于创造性的解决复杂性问题（如行动学习团队，基于组织的挑战），人们共同解决组织问题，它可以同步提高领导者个人、跨职能团队以及组织的能力。

1. 确定参加人员

一般情况下，参加者是组织某个职能管理团队，这个团队有共同目标，人数为 6~12 人，参加者需要有内在的动力和期望，每个人有达成目标的强烈渴望，在工作中遇到了挑战需要支持。如果参加者是被领导派来，自己愿望不高，辅导结果会受到很大影响。同时教练需要了解参加人员的背景、特质、年龄层、价值观及行为模式等，这对设计辅导方式非常重要。

2. 参与者及重要利益关系人访谈

访谈团队成员及其利益相关人，了解团队的特点、期望、目标和挑战等全貌，从而更有效地设计和实施辅导。访谈题纲参考如下：

（1）参加者的上级主管。

团队在未来 1~3 年的战略目标是什么？成员对目标的清晰程度怎样？

达成目标，关键成功因素是什么？

在达成目标过程中团队面临的主要挑战是什么？困难是什么？困难的来源是什么？

在未来 12 个月需要解决的关键问题是什么？

团队的优势是什么？

团队在未来 12 个月需要提升的领域是什么？

作为团队的领导者，你将会为团队的提升做出哪些支持和贡献？

你对接下来我们共同合作的期望是什么？

通过我们未来 6/12 个月的辅导，你最希望看到什么？

你期望团队成员发生什么变化？你怎样知道他们已经变化了？

（2）人力资源管理者/其他发起人。

公司的文化价值观、使命、愿景是什么？

公司体现的核心文化是什么？如，倡导什么？奖励什么？不倡导什么？惩罚什么？这些因素对团队的表现带来什么影响？对团队的成功改变带来什么影响？

组织的哪些流程／制度支持团队目标的达成？哪些可能会阻碍团队的改变和成长？

对于改变的先行者，有哪些可能的激励措施？

在辅导过程中，我们如何合作更为有效？我们的角色和责任分别是什么？

对辅导项目的建议和期望是什么？

（3）被辅导者／参与者。

对于参与者的访谈，最好能够与每个人进行访谈，了解信息的同时，也是教练与成员建立信任和亲和关系的方式，这对辅导目标的达成非常重要。如果资源有限，可以抽样访谈团队中具有代表性的 30%~40% 的人员。访谈题纲参考如下：

你在部门的主要工作职责是什么？你所在团队最主要的客户是谁？请用 1~3 个关键指标说明本部门的核心价值

为了实现你所在部门在未来 1~3 年最重要的业务战略目标，你认为所面临的最大挑战是什么？

为了实现业务战略目标，组织对你和你所带领的团队提出什么样的要求？

你认为团队的优势是什么？为什么？

团队的短板／急需要提升的地方是什么？对达成目标有什么影响？

你个人的优势是什么？主要表现是什么？

发展领域是什么？影响是什么？

通过将要进行的团队辅导项目，你期望团队达成什么样的成果？团队有哪些改变和提升？

达成目标的主要障碍在哪里？在不考虑资源限制的情况下，你打算做哪些具体的改善？

在这个过程中，对你来说最有效的学习方式是什么？你将愿意承担什么责任？

3. 团队现状测评

为了进一步更加客观地了解团队的现状，有时会运用团队测评工具，让所有团队成员参与打分，可提升团队的参与感和投入度。目前市场测评工具很多，教练可以根据辅导目标、团队挑战及个人的专业领域来选择适合的工具。笔者个人运用团队测评工具的原则是：针对性，简单易解读，最好可视化。以下测评工具仅供参考。

（1）HBDI 全脑优势测评，基于大脑 4 个特定区域的优势和特点，人有 4 种截然不同的思维、学习和沟通风格。HBDI 个人报告的应用范围很广，团队报告可以运用于团队的自我觉察。该测评用 4 种颜色来描述不同的风格，左脑为蓝色脑和绿色脑。蓝色脑倾向的人更偏好关注逻辑和事实，绿色脑倾向的人关注细节和形式。右脑为黄色脑和红色脑，黄色脑倾向的人更偏好关注大局和未来，红色脑倾向的人更关注人际关系和感受。

在团队辅导经历中，笔者遇到大部分的团队，倾向于蓝脑和绿脑思维，通过报告，团队觉察到当前的偏好行为在变化的环境中对团队成长和发展带来影响，从而制定团队的突破点和行为改进计划。

（2）团队诊断是 Team Coaching International 介绍的团队测评工具，该工具是一个在线诊断工具，要求参与者从团队整体角度出发，以匿名的方式对团队进行评价，共计 80 个问题，测评完成后，将生成一个整体报告，以团队坐标矩阵和雷达图的方式反映团队状况，用以发展团队。该诊断工具分为两个维度。

积极性维度，指团队互动交往的能力，包括尊重、同事情谊、信任、建设性互动、乐观、沟通及价值多元化。实践证明高的积极性维度将促使员工的敬业度、创新能力和适应变化的能力得到显著提升。

生产力维度，指团队履行职责的能力，包括战略目标、资源、积极变革、团队领导力、一致性、决策和担当。

（3）4D 团队发展评估。该评估工具是 Charles Pellerin 团队开发并运用于团队发展的工具，包括四个维度，八项行为。通过团队针对八个行为的自我评估，明确团队最需要突破提升的领域，Charles Pellerin 团队研究发现，全面提高四个维度八项行为，足以创造高绩效团队。具体而言：培养维度（绿色）：表达真诚的感激；关注共同利益。包容维度（黄色）：适度包容他人；信守所有约定。展望维度（蓝色）：基于现实的乐观；百分百的投入。指导维度（橙色）：避免指责和抱怨；厘清角色、责任和授权。

在团队辅导的过程中，并非一定需要测评，有时通过利益关系人的访谈，了解团队的现状、优势和发展领域，从而定位发展重点。运用测评的最大益处是团队成员的参与感和自我认知，同时也能增加教练与团队成员的相互信任，更有利于团队目标的推进。

4. 建立相互信任和安全氛围

在团队教练过程中，成员的开放分享、互相学习反馈、挑战自我和他人对达成目标和创造性的解决方案十分重要，这就需要成员间的相互信任，在团队中感觉到安全。一个顶尖的团队能够通过深入及有焦点的对话来整合团队的经验和智慧。《克服团队协作的五种障碍》作者帕特里克·兰西奥尼（Patrick Lencioni）认为信任是团队能够达成结果的重要基础。一个杰出的团队，成员间具有发自内心的、真挚的信任，彼此能够体谅各人的弱点、错误、恐惧和行为，他才能彼此没有隐瞒的打开心扉，这是一切的基础。只有信任，成员才不会惧怕在关键问题的讨论中发生争执，只有信任，才会毫不犹豫的提出质疑和问题，所有人的注意力集中于找到好的或更有利于目标的思路和方案。如果没有信任，成员会自我保护，保持一团和气，可能不会深入沟通，信任比团队保持和睦更重要，古人云："君子信儿后老其民，未信，则以为厉己也。信而后谏，未信，则以为谤己也。"当团队成员给他人建设性反馈或建议时，信任是至关重要的，当欠缺信任时，接受反馈意见者可能会认为对方是对自己不满意，挑毛病。既未信，则以为谤己也。缺乏信任，人们会害怕争执而不去表达不同观点，关注他人对自己的评价多于关注团队的目标和结果，不会发自内心的投入时间和精力，缺乏担当责任，这会直接影响到团队目标。在团队初期，成员间尚未完全信任，教练可以设计适宜、较安全的活动，以公众的部分为探索重点；随着团队的发展，需要逐渐探索较为深入的话题。如在会议开始阶段设计一些活动，帮助他们互相了解，增加信任。

（1）转换团队的情绪和能量。调查发现，70% 的员工说在工作中没有得到认可和感谢。怀有感恩之心不仅是伟大的品质，更是其他德行之母，在感恩的心态中生活，就会体验到赞赏他人的美好感觉。团队成员间形成认可和感激的习惯，就有了前进的能量和合力，促进目标达成。

认可：观察到对方的优点和长处，真诚、具体、真实地给予认可；

感激：需要真诚、具体，以合适的方式感谢周围的人。

（2）团队成员互相分享自己的经历。互相采访或团队中分享，可以分享一些个人的信息和话题，团队成员互相了解的不一定就信任，兰西奥尼认为，"基于弱点的信任"即不害怕承认自己真实情况的人。例如：

我的家乡在哪里？

我们家几个孩子？

在中学时代遇到的最困难或最挑战的事情是什么？

（3）运用测评结果报告。比如，前面提到的测评方式，如沟通风格测评、个性测评、360 测评等，每个人分享自己的优势及局限性。增进成员之间的相互深度了解和信任。在这个活动中，团队领导率先分享自己将会更有效的创建安全氛围。

（4）建立团队规则。安全氛围和相互信任关系是团队发展过程一直需要关注的。人们在互相分享过程中，遇到不同观点、意见可能会防御或冲突；听到他人坦露自己弱点时可能会本能归因，因为人们倾向于认为他人做出不恰当行为的原因是由于其素质或动机（内归因），而自己的错误归结于环境因素（外归因），这会直接影响团队的安全氛围。为了更为有效的让每位成员觉察自己的行为，保护团队的氛围和信任，需要创建团队规则，教练可以通过向团队成员提出问题的方式，共同参与，共同创造。

为了使团队更加有效，你对团队的期望是什么？

为了使我们团队更加成功有效地达成期望的目标，你希望我们彼此做出哪些承诺？

为了团队成功，我们需要制定并遵守哪些规则？

对我们制定的规则，你的承诺度如何？

如果我们有成员没能遵守规则，我们怎么办？

一般制定的规则要具体并行为化可观察，例如：

准时到场；静音 / 关闭手机；我们坦诚分享自己的经验和挑战，我们会发现共同的经验，这会让我们更好地连接共同成长；我们欢迎持有不同观点，不允许个人攻击；同意用一种开放的态度聆听，珍视差异；我们积极地面对我们遇到的挑战和困难，共同探寻机会和可能性；我们尊重自己和别人，看到每个人都是独特的、有智慧的；我们相互信任对方，诚恳接受意见和建议，不防御和辩解；我们每个人都是对方的学生和老师，不管年龄、职位如何。

在团队讨论过程中，可能出现有些成员无意识违反规则，这恰恰是成员共同觉察反思的时刻，也是成员提升的机会。教练可适时通过提问的方式干预，例如：

发生了什么？观察到了什么？

大家说积极参加，准时到场，我们上次安排的会议推迟到今天，有一位成员因工作原因不能参与，这对我们的目标影响是什么？

哪些原因让我们不能信守承诺？外部还是内部？

如何更有效地管理我们的事情来专注于重要的事情？

在这样的情景下，如何表现能够更有效地支持我们的目标并增加团队的相互信任？

团队中成员的语言会直接影响氛围和信任，把团队的能量带到支持目标达成的方向是教练一直需要觉察和推动的。当观察到团队的能量低或有负面情绪时，可以共同觉察回顾：

我们现在感受到什么情绪？

我们的目标是什么？我们表现的情绪对达成目标带来什么影响？

什么样的情绪对我们取得目标有帮助呢？

我们专注什么可以让我们有更好的情绪？

5. 创建团队愿景

我们是谁，我们希望成为一个什么样的团队。

（1）团队共同愿景。

愿景是团队／组织中人们所共同持有的意象或景象，是成员希望共同创造的未来团队图景。进一步说，愿景就是团队的梦想，它强调团队内在的一种追求。一个共同愿景是团队中成员都真心追求的愿景，它反映出个人的愿景和价值观，是人们在组织中获得能量和方向的源泉。

团队的共同愿景将使团队成员一起工作时产生一体感，将团队团结在一起，团队成员会感受到那种能量，会唤起人们的希望，特别是内生的共同愿景。心理学家马斯洛晚年从事杰出团体的研究，发现他们最显著的特征是具有共同愿景和目的。

团队愿景将通过个人愿景在团队中真诚的分享，把个人能量汇聚到一起，帮助我们创造共同想要的东西！彼得·圣吉在《第五项修炼》中提到一个团队／组织如果没有共同的愿景，就不会有学习型组织，没有一个拉力把人们拉向想要实现的目标，维持现状的力量将牢不可破。

团队／组织共同愿景有内生的（如我们要成为自己内心定义的卓越团队或组织等）和外生的（如我们要成为行业第一等）。彼得·圣吉提到，有些公司的愿景是成为第一，击败竞争对手，只想保持第一的心态难以唤起建立新事物的创造力和热情，真正的功夫高手，比较在意自己内心对"卓越"所定义的标准。一般愿景是内在的和外在的共存，仅依靠外在的不能长期维持组织／团队的力量。

愿景不同于目标，它是跨越"小我"，连接到"大我"或更大存在的过程，它回答的是：

在这个团队中，你最看重的是什么？

你在组织／团队中最希望做出什么样的贡献？

你最想要给他人带来什么？

你想要创造什么？

你追求的是什么？实现你的追求的成功要素是什么？

什么样的未来是你最希望看到的？为什么那是我们最希望的？

团队共同愿景的生成可以归纳为共同承诺的愿景宣言，如"我们将致力于成为 ＿＿＿＿ 通过 ＿＿＿＿＿，让他们（服务对象／客户）获得＿＿＿＿。"

（2）创建团队愿景。

创建共同愿景可以为团队提供非常重要的交流情感的机会（重要的是每个人与其他人以及他们想要达到的目标之间建立关联性），让团队针对他们认为重要的结果进行互动。团队愿景是从个人愿景汇聚而成。在创建团队共同愿景中，需要鼓励成员发展自己的个人愿景，如果人们没有自己的愿景，他们所能做的仅仅是符合别人的愿景，其结果就是服从，绝不是发自内心的意愿。如果将各自拥有强烈目标感的人结合起来，统合综效，将朝向个人及团体真正想要的目标迈进。以下是创建团队愿景的例子供参考。

团队成员坐在椅子上围成一圈，其中有一个空椅子，为"团队之椅"；

提出问题：

我在这里最关注的是什么？

我渴望为团队带来什么？

我将会通过 ＿＿＿＿ 为团队做出 ＿＿＿＿ 贡献。

每个人听到自己内心的声音，写出回答；

每个人分享自己的答案："我渴望为团队做出的贡献是 ＿＿＿＿＿"，每个人可以讲两遍。

找到共同的特点时，成员坐在"团队之椅"上，将语言变为"我们在这里，希望通过 ＿＿＿＿ 为团队做出 ＿＿＿＿ 贡献，让我们成为 ＿＿＿＿。"

小组总结形成团队的目标／愿景宣言。

笔者认为创建团队愿景是团队辅导非常必要的环节，是事半功倍的要事。共同愿景的描述形成很重要，而更重要的是共同愿景的创建过程，每个人真诚开放地分享自己内心的声音，创建过程让团队每一位成员的声音被听到，每一位成员的渴望被包含。因为共同的愿景，让团队更加团结信任；因为愿景，团队会更富有激情和创造力；因为愿景，成员更加有方向和能量，也是因为愿景，成员更有发自内心的承诺。

6. 明确团队目标

目标与愿景不同，目标是团队需要集中精力去完成的事情，也称工作目标。一般情况，组织希望通过团队教练的方式帮助团队成长和突破（具体专注的领域需要通过利益关系人访谈或测评结果初步定位）。有的目标来自团队的日常工作范围，如提高客户的满意度；有的目标来自日常事务之外，有关组织战略规划等，如创造一种新的服务方式或流程／产品，来赢取更多的市场机会。不管源于何处，团队辅导的主题目标一定是那些能够为组织更高层战略目标服务的，并为团队带来成长和突破的领域，在笔者的教练实践中，主要的辅导主题领域如下。

基于组织的战略性目标和业务挑战，希望不同职能核心人员组成团队，通过合作创新找到突破性策略，并初步实施以便在整个组织的推广，如组织变革策略及其推广，人才吸引、保留策略及其推广等。

在一个职能团队中，管理者意识到业务目标的增长需要团队的专注和投入，团队成员的思维和行为有效改变也常是团队辅导遇到的主题，如团队的专注力，成员间的协作合力，帮助团队整体行为的改变并促进业绩的提升。在团队辅导中，一般需要明确最终目标和绩效目标。

（1）绩效目标与最终目标。

团队目标的设定与个人目标设定是相似的。也需要遵循 SMART 原则。惠特默在《高绩效教练》中谈到，我们要区分最终目标和绩效目标。

最终目标是指最终的目标，如业绩提升 50%，成为市场的领跑者，或个人 2 年之内成为部门总监，这样的目标不是全然在我们自己的掌控或影响范围。

绩效目标，是指确定一个绩效标准，让我们有信心，有最大机会实现最终目标，它基本在我们的掌控范围，并且可以提供一个衡量进展的方式。重要的是，相对一个最终目标而言，一个让自己感觉有影响力的目标会更容易做出承诺。

在组织中，领导们都非常关心最终目标，如我们到 2017 年年底，销售额比 2016 年提升 30%，或我们的客户满意度提高 10%，这样的目标看似清晰明确，可以衡量，它是直接衡量成功与否的指标，因为只有这个目标的达成才意味着我们的成功。克里斯·麦克切斯尼（Chris McCesney）在《高效能人士的执行 4 原则》中提到，这样的目标为滞后性目标，因为当我们获得这个目标的数据之时，所有的事情已经发生并得到了结果，我们没有改变的机会了。而设定一些最能预测最终目标的引领性目标或绩效目标，这样的目标一方面可以最大程度的预测最终目标的达成，同时在很大程度上是可以把握、可以影响的。绩效目标的进展是最终目标达成的强大动力。在团队的发展中，团队将持续投入精力，推动这些绩效目标不断前进，将会带来最终目标的达成。

绩效目标不是最终目标的分解，最终目标分解是指将目标分成更小单元，如 12 个月内销售额增加到 20 亿，那么可以衡量月销售额，当然如果我们每个月都能达到当月的销售指标，年增长目标的达成也不在话下，因此很多公司也是这么做的。但麦克切斯尼提到，那还是最终目标或滞后性目标。

（2）设定绩效目标。

如何确定绩效目标呢？绩效目标不是教练 / 顾问确定的，它是在团队成员的心里，只是平时没有专注聚焦提炼，如前所述，绩效目标需要具有可控性和预见性，团队通过聚焦在这些引领性的目标上发力，最大程度地促成或超越最终的目标。在团队教练过程中，通过团队头脑风暴，群策群力，明确什么是团队的绩效目标。绩效目标可以基于教练项目最终目标来设定，也可以是阶段性，在每一次的教练课程中也需要设定目标。具体步骤如下。

明确业务挑战和机会。团队需要专注的主题和达成的结果，有时是组织高层领导或团队领导基于组织战略提出的，有时需要团队共同探讨明确：

为了实现组织的战略目标，我们这个团队需要提升哪方面的表现可以对组织目标有最大的影响？

为了组织整体目标的实现，我们团队可以在哪些方面做出最有杠杆作用的贡献呢？

为了实现组织的目标，我们团队有哪些薄弱环节需要改进呢？

明确最终目标。团队会有不同的想法和建议，需要归纳这些建议为清单，根据对组织战略目标的影响度进行排序，从中选择最有可能给整体目标带来最大影响的团队目标。例如，从价格销售转向价值销售，提升销售能力。这个目标也必须是可以衡量的。可以通过问题，在团队中进一步明确定位目标：

你们怎样知道我们的目标达成了？

发生什么说明我们的销售模式转换成功了？

有哪些指标说明我们成功了？什么时间？

例如，在北区市场，到 2016 年年底，在我们完成的销售目标中，有80% 的订单客户是源于新的价格体系。这个目标的达成是我们团队最希望看到的，也是直接支持组织的战略目标的。

共创绩效目标 / 引领指标。当团队的重要最终目标定位后，需要团队成员共同讨论明确其绩效目标，即我们可以控制影响的并对最终目标最有预见性的关键目标和行为。大家一起进行头脑风暴，参考以下问题，考虑各种可能的选择：

达成我们设定目标的关键成功因素是什么？

为了达成我们的目标，哪些事情 / 任务是必须成功完成的？

我们可以做哪些过去没有做过的事情，帮助我们达成目标？

我们团队的哪些力量，可以对实现我们的目标最有帮助？

我们团队有哪些优势？有哪些不足限制了我们达成我们的目标？

选择绩效目标。在得到了满意的备选指标清单后，需要大家共同决定哪些指标对最终目标影响度最大，即影响度 70%~80% 以上，同样选择的绩效目标不宜过多，一般为 3 个左右。当确定了备选指标时，也可以根据以下问题对它们进行测试：

这个目标 / 指标是否对最终目标有预见性？影响度如何？

这个指标是在我们团队的影响范围内吗？团队的影响度如何？

这个指标是否可以衡量？

在这个环节，有些成员可能会疑惑，我们找出来的目标真的是最能预见最终目标达成的指标吗？我怎么知道它就最有预见性呢？如果定位出错，对结果的影响会不堪设想。绩效指标对最终目标的预测是动态复杂的，它不仅是因与果的关系，也是多因素相互作用的结果。彼得·圣吉在《第五项修炼》中提到，"动态复杂性"中的因果关系很微妙，它不是线性关系，而且对其干预的结果在短时间内并不明显。要从系统的角度进一步看清真相，看到因果之间的动态变化因素。因此在过程中反馈非常重要，根据发展的动态进一步调整专注的绩效指标。大家可以思考：

谁来决定这个绩效指标对最终目标是否有预见性呢？

绩效指标与我们的最终目标的相互关联是什么？

我们如何能增大绩效指标对最终目标的预见性呢？

我们做些什么可以缩小预见性的误差呢？

我们的反馈机制是怎样的？

3M 公司的 15% 法则是一个引领性目标的例子，即研发团队把 15% 的时间利用在自己选择的项目上，以此促进创新产品的最终目标。

如前面例子中提到的最终目标为"在北区市场，到 2016 年年底，在我们完成 5000 万元的销售目标中，有 80% 的订单客户是源于新的价格体系"，通过团队领导及成员的头脑风暴，明确其团队在未来 9 个月需要专注的可能绩效指标为：

在 30 天内 90% 以上的销售人员坚信产品的价值，并有信心、有能力向客户展示我们产品的价值，使 90% 以上的客户认同并产生购买意愿。

在 60 天内 100% 的经销商有信心并有能力向客户展示我们产品的独特价值，使 90% 以上客户认同并产生购买意愿。

每 2 周完成一次的反馈，制定并实施改进计划。

这是团队的着力点，需要花费精力和资源聚焦的地方，也是我们可以控制并能够衡量跟踪的。团队目标需要在开始时根据最终目标来设定，也可能需要在每一次的教练会议中来设定，并作为成员的课后任务，每一次会议开始需要回顾，以下是问题参考：

我们团队的目标是什么？

你们希望 12 个月后看到什么？

实现目标后给你带来的价值是什么？

这周团队取得了哪些进展？

取得的进展对目标的贡献度是多少？

我们需要专注在哪方面？

7. 辅导团队，提升绩效表现（见图 14-1）

（1）运用平衡轮，推动行动。团队辅导过程中，根据团队的发展动态和设定的目标，可以运用多种教练和管理工具，如逻辑树策略、平衡轮、头脑风暴、力量对比法、GROW 模型、TOWS 模型、复盘等。每位教练的优势及偏好可能不同，但目的是相同的，即帮助团队建立信任，提升能力，释放潜能，共创策略达成期望目标。笔者常用的方式之一是平衡论、GROW 模型及复盘。每节辅导中，可运用两个平衡轮，对方通过比较两个平衡轮的不同产生自我觉察，聚焦目标，探索障碍，发挥优势并设定新的行动计划。

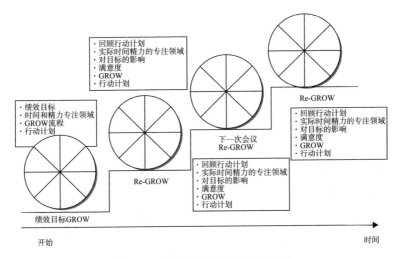

图 14-1 运用平衡轮推动团队行动

（2）平衡轮运用方式。

设定绩效目标和行动（第一个轮）：

在未来 2 周你希望实现的目标是什么？

实现这个目标对我们团队设定的最终目标的贡献是什么？

为了实现期望的目标，哪些任务是必须完成的？

未来 2 周我们的精力和时间需要专注哪些事情最有利于实现目标？

请将计划的行动事情放在平衡轮中，最多 8 项。

对每一项事情的满意程度如何？请打分（1-10）。

现在的状况

期望的分数

为了达到期望的分数，需要采取的行动是什么？

可能遇到的障碍／挑战是什么？

我们将如何克服障碍？

在未来 2 周我们团队希望专注在哪些最重要的行动上？

需要的支持是什么？你的承诺度是多少？

复盘——Re-GROW（第二个轮）：

我们的目标是什么?

我们在过去的 2~3 周取得的成绩是什么? 是否达成了我们设定的期望目标?

在过去的 2~3 周我们实际花时间和精力做的事情是哪些?

将主要的事情放在平衡轮中。(最多 8 项)

花精力做的工作对实现期望目标的贡献程度是怎样的? (1~10 分)

你的满意程度是多少? (1~10 分)(在平衡轮上打分)

哪些事情最有助于达成期望的目标? 成功的关键是什么?

哪些事情对我们的目标贡献度不大? 原因是什么?

我们的洞察是什么?

我们在未来 2 周需要改变的是什么?

停止做什么?

做哪些不同的事情?

会遇到什么困难?

如何克服? 需要什么支持?

通常团队辅导需要一段时间,可能为 3 次以上,如果有团队成员不投入,一定要跟进,团队组长和教练共同负责,教练的角色是让团队中每一个人提升;如果有人缺席,在第 3~4 次需要重新组建团队;团队教练过程中,教练一般教授 10%~20% 的内容,其他的由被辅导者共同找到资源;团队辅导的流程每次会有差异,依据目标不同进行调整。

(3)团队辅导案例。

案例

M 公司是一家欧洲能源公司,该组织一直致力于为客户提供高质量的产品和服务。近一年由于市场的竞争和需求的变化,M 公司内部也遇到一些挑战,成员提出:

我要直接面对客户,客户的高要求(古怪要求)给我们提出了挑战,而要满足客户要求达成目标需要各部门同事的支持，如何将市场／客户给我们的压力转化为每一个相关人员的动力，大家都有紧迫感和工作的动力。

如何让每一个人都尽心把自己的每一件事做得更好来支持整体目标的达成？

目前大家都很努力，同时都有自己固有的做事习惯，如何有效挖掘内部的潜力，激发个人的能动性？

辅导流程和策略：

建立团队的深度信任：运用活动和 4D 的 8 个问题，觉察自己的领导和沟通风格，增进相互的理解和信任。

共创团队愿景和目标：为了 M 公司提升在行业中的竞争优势，在未来 3 年服务团队期望达成的状态和成果是什么？

我们的外部客户是谁？他们的需求／目标是什么？

我们将给外部客户带来哪些价值？希望他们怎样评价我们？

我们将给内部客户／合作伙伴带来哪些价值？希望他们怎样评价我们？

分析现状：运用 SWOT 及 TOWS 工具，厘清为了达成目标团队重点的专注领域，对现状进行自评。

目前效率（1~10 分）；

期望的程度（1~10 分）；

改进的必要性。

团队聚焦改变领域：

如果每个团队成员能够通过改变两种关键行为来使我们的团队达成期望的状态，你认为哪两种行为是我们需要共同尝试改变的？每人写出两种关键行为；

小组成员在最关键的需要共同改进的行为上达成共识；

通过 Golden MashallSmith 建议的前馈法找到改进方式并制订行动计划及跟踪反馈机制。

个人改进提高：

每位成员与其他成员进行一对一对话，让对方给予反馈，两个自己需要改进的地方；

每个成员需要找自己的重要合作伙伴，至少6位，每次对话大约3~5分钟；

每位成员基于改进行为清单，选择1~2个看上去对目标最重要且个人希望改变的关键行为；

每位成员分享自己愿意为团队提升改进的关键行为及计划；

承诺计划并实践。

周期复盘，持续改进：

团队成员之间每个月有2~3小时在一起，共同复盘，提出问题：

我们在共识的行为上展现的如何？进展是什么？挑战是什么？我们的洞察是什么？

个人关键行为改进有效性怎样？对期望目标带来什么影响？

为了实现目标，在未来1个月需要做的不同的事情是什么？

为了实现目标，在未来1个月需要停止做的是什么？

我对行动计划的承诺是什么？需要的支持是什么？

第二节
小 组 教 练 流 程

一、小组教练概况

小组辅导与团队辅导有些不同，首先是成员的组成不同，小组辅导成员来自于不同的职能部门或公司，每个人带有自己的挑战、目标和期望，通过小组互动的方式提升自己，发现更有效的策略面对挑战，通过实践提升自己的管理和领导能力。另外，为了辅导效果，成员需要偶数，如4、6、8、

10 人，这样可以组成一对一教练搭档。小组辅导专注于参加者领导能力的提升及行为改变，而不是直接绩效的改变。有些人疑惑，小组辅导与培训课程和工作坊有什么有不同呢？笔者认为它们之间有很多相同的地方，很难绝对区分，一般情况下，培训课程多为有一个主题，以准备好的内容为主，帮助大家掌握主题内容及运用相关知识、工具和方法；而小组辅导在形式上与培训、工作坊相仿。他们的不同点有以下 3 个方面。

（1）目标上差异。培训的主要目标是了解、理解和掌握知识技能并练习运用，而辅导的目的更专注于内容的运用和实践及克服实践过程的困难。

（2）过程上的差异。辅导过程是教练带领，不是讲师，给予／教授的较少，一般不超过 20%，更多的是通过提问、引导大家定义目标、觉察挑战并找到解决方案。小组辅导更多是以参加者的问题和挑战为导向，不是准备好的内容，如在教练过程可能涉及成员的人员激励，跨部门协作等，它们都是参加者工作中迫切需要提升的方面。

（3）结果上的差异。小组辅导参加者不是掌握知识、工具，更多是增强了运用知识工具的信心并深度链接到实际的工作或生活场景中，通过不断地实践帮助参加者改变习惯，成为更卓越的自己。

小组辅导的目的：

针对性地提升成员的领导能力，有效带领和激发团队；

增强成员的自信，整合并运用已有的知识、经验和优势能力，更有效地应对工作和生活中的挑战；

在提升改进的过程中，得到更多的支持和辅导，克服阻碍个人突破和行为改变过程中遇到的困难；

提升小组成员自我解决问题的能力；

增强成员的自我驱动力。

二、小组辅导流程

在教练实践中，小组辅导没有一个固定的流程，目标有差异，流程也会有所改变，教练需要根据客户期望达成的结果来设计流程，以下是基于一个组织情景来说明小组辅导的流程，供大家参考。

背景信息： V 公司是一家全球化的高科技公司，近年来在中国的业务发展迅速并成为行业内的领军企业。快速的发展也给管理者带来一定挑战。V 公司非常强调工程师文化，多数中层管理者都是技术背景出身的工程师，他们在技术岗位上为组织带来非凡的贡献和价值，但当承担中层管理责任后遇到了很大的挑战和困惑，如新生代的激励和有效领导；团队的投入度（Engagement）需要提高；跨部门的协作。

看起来主要问题是如何有效领导他人，这是技术背景的管理者多遇到的人员管理挑战。V 公司的人力资源部门希望与顾问公司合作，帮助不同部门的 12 位中层管理者提升他们的领导能力。访谈中发现这些管理者在近 3 年参加了很多相关的管理培训，掌握了相关的知识和工具，因此，我们计划通过小组教练的方式帮助他们运用知识、经验和智慧于实际挑战中，进而提升他们的综合领导能力。

1. 辅导主要目标

增强领导角色认知，觉察个人的发展领域；转变告知的管理方式，提升其教练领导力；更好与团队建立信任，增强团队的凝聚力；发挥个人优势，共创解决方案并付诸实践；觉察跨部门之间协作的障碍及突破的策略；通过在工作中采取不同策略和行为，提升其领导力和影响力。

2. 关键流程和方式

（1）团体学习启动准备。厘清目标和期望；相互了解；选出组长；明确规则。

（2）角色认知及明确发展目标。自我分享：

你的团队有几名成员？

你们的共同目标是什么？

你作为团队领导面临的最大挑战或困难是什么？

你通过共同合作最想达到的成果是什么？

描绘领导角色及其必备品质和能力，检视现状并探索其影响，此环节可以结合能力测评，如 360 能力测评。

你的领导能力有哪 2~3 个优势？

作为团队领导，你需要发展的 2~3 个关键领域是什么？该领域提升后给你及团队带来的价值和意义是什么？

共同承诺，互助学习。

（3）学习掌握教练方法及原则，在后面辅导过程，学员将运用学会的技能解决自身挑战性问题。教练的哲学及教练式领导的意义；教练能力：提问和聆听回顾练习；教练的流程—GROW 练习。

（4）辅导议题 1：提升成员的信任。

每个人请教其他成员自身的 3 个优秀品质是什么？

BEST 测评及解读。

教练主题：了解自己与利益相关人之间的期望，增加自我觉察：

　　我的重要利益关系人是谁？

　　他对我寄予的期望是什么？

　　我对他的期望是什么？

　　我对他 / 她想称赞的是什么？

　　我给他的压力是什么？

　　他给我的压力是什么？

了解他人对自己的期望并尊重差异。

和伙伴进行互相教练。

制订行动计划。

（5）辅导议题 2：创造协作的工作氛围。回顾分享实践的成果和遇到的挑战：每人各自写出工作团队成员间不能有效合作的事例。团队共识确定值得探讨的 3 个障碍。成员找出过去其团队成员与其他部门协作成功的事例。

创造协作成功的 3 个关键要素是什么？

当时采取的相应策略是什么？

哪些策略可以用于当前协作过程中面临的困难？

团队讨论探索 3 个主要障碍和挑战，定义目标并讨论可能的方案。每个人选择一个自己最大的人际协作挑战，运用 GROW 和伙伴进行互相教练。制订行动计划并承诺实施。

（6）复盘。

回顾最初目标／期望的结果是什么；回顾分享人际协作实践的成果和遇到的挑战；庆祝成果，总结成功的关键因素是什么；不够成功的地方是什么？原因是什么？从中发现了哪些洞见或规律？

明确团队辅导主题：

每人各自写出实践过程遇到的 2 个最大挑战／障碍。小组共识选择 3 个挑战。小组共同讨论实践中遇到的挑战和障碍，共创有效解决方案。每个人选择一个自己最大的挑战，应用 GROW 流程和伙伴进行互相教练。制订行动计划并承诺实施。

（7）辅导议题 3：提升领导团队的能力。

回顾分享实践的成果和遇到的挑战。庆祝成果并共同讨论应对挑战的策略。

明确讨论主题。

每人各自写出 3 个在领导团队过程中遇到的最大挑战／障碍（如管理新生代或提高团队成员的投入度）。团队讨论确定 3 个主要障碍和挑战。团队定义目标并通过头脑风暴探讨可能的方案。

每个人选择一个自己在带领团队过程中遇到的最大的挑战，应用 GROW 和伙伴进行互相教练。制定行动计划并承诺实施。

根据具体的目标和资源，可以进行多轮复盘，每次复盘会出现新的挑战和主题，参加者将会更有信心采取新的策略，实施新的行动。有时小组辅导也会加入一对一教练辅导，针对学员非常个性化的问题和希望达成的目标。

奥托博士在《U 型理论》中提到的教练圆圈也是小组教练的一种形式，常用于复杂性问题，通过大家帮助被辅导者产生创新性的解决方案。

笔者在小组教练中也经常借鉴教练圆圈的思路，支持小组成员更有效地面对问题，探寻思路。下面流程仅供参考：

提出问题：小组成员每人提出一个问题／阻碍自己达成目标的挑战或问题。

明确问题：小组成员选出具有共性的一个问题，并确认问题拥有者（Owner）。

澄清问题：问题拥有者说明问题背景，并通过其他成员作为教练的角色提出问题进一步澄清问题：

问题 Owner 将问题写在白板上；简单说明问题的背景。问题的症状表现？影响？为什么重要？期望的目标是什么？我愿意看到什么结果？希望创造什么结果？我的优势是什么？在哪方面需要帮助？

重述问题：通过成员的进一步澄清，问题拥有者重述自己真正面对的问题是什么？目标是什么？

静默寻找灵感：这个问题让我在脑海中出现什么画面？我有什么样的感受？对此我有什么问题？

共创策略：小组成员头脑风暴提出解决方案，问题 Owner 可以给予回应。

总结收获：问题 Owner 进行总结：该过程给了我什么新的见解和洞察？怎样才能应用这些想法呢？下一步的行动是什么？

很多组织将小组辅导设计为领导力发展项目的一部分，用于培训后行为转化及新行为的形成，增加领导力培训的有效性及对业务的影响度。笔者认为团队或小组辅导将会被越来越多的组织运用并感受到这种方法的益处和价值，因为在互联网快速发展变化的市场环境中，人们获取知识的途径非常多，仅仅教授知识和工具不能满足组织的期望，同时对管理人员集中几天培训也是一个挑战，团队／小组辅导每次时间较短（0.5~1 天），多次连续以问题或任务为导向的方式支持参加者成长和改变，并紧密结合其实际工作或业务挑战，为组织短期和长期的发展带来积极的影响。

——————— 第五部分

职业
发展教练

每当讲授职业教练课程时，经常有人问到"职业生涯教练与一般教练有什么区别？什么是职业生涯教练？"教练这个词已经在世界范围内很多组织中被广泛认知，而职业生涯教练概念却有些模糊。以下定义供参考。

职业教练是将教练技术应用于职业生涯规划和职业辅导中，通过教练的引导，使被教练者能快速、有效澄清自己的决策和目标。

帮助他人更清晰地了解自己的兴趣、才能，并客观地评估组织环境，从而做出更明智的职业选择并发展相关的核心能力。

支持个人更有信心、能力和方法来面对职业发展过程中的困惑和挑战。如找新的工作、转换职业、晋升、职业倦怠、提升新的技能、专业发展等。

从这个定义或诠释来看，结合笔者教练领域的理解，职业生涯教练与教练的区分如下：

	领导力/绩效教练与职业生涯教练
相同点	帮助被辅导者看清并专注目标和期望结果 帮助、支持对方增强自我认知 支持被辅导者提升信心，发现自身资源并展现其优势和潜力 教练过程运用教练技能 增强被辅导者提升改进，实施新行为的动力和承诺
不同点	职业教练： 具备教练能力之外，需要拥有职业发展的方法论，如职业目标定位的关键要素和步骤； 对职业生涯发展过程中遇到的挑战有深刻的洞见，如职业倦怠等； 对于职业转换或找新工作的教练，需要掌握并提供一些工具和方法，如简历、面试技巧等； 对于组织内部的职业教练，需要对组织战略、文化及相关信息有更深入的了解，以便为被辅导者提供更多组织需求信息，从而聚焦于能力发展方向

职业生涯教练涉及的领域很多，如找新工作、职业转换、晋升、职业倦怠等，下面分享的职业教练主要专注于帮助员工在组织内部的职业发展，支持员工提升个人对组织的价值及事业发展的满意度。作为教练需要了解掌握组织中职业发展的概念和方法论。

第十五章

职业发展
概论

> 不患无位，患所以立。
>
> 不患莫己知，求为可知也。
>
> ——《论语》

组织的困惑：组织中人力资源管理者或业务经理经常反馈在人才发展方面的一些困惑。

我们缺乏合适的人才，而组织内希望晋升的员工多数确实没有准备好。

我们希望发展人才，也有轮岗或晋升的机会，但是非常有限，不能满足员工的诉求。当组织中的职位晋升空间有限时，如何帮助员工的职业发展？

在公司薪酬不够富有优势的情况下，如何保留和激励人才？

员工的困惑：

我对自己的职业目标不太清晰，对未来的发展方向感觉有些迷茫。

刚开始还挺喜欢这个工作的，目前这个工作报酬还可以，但总是不太有热情，怎么办？

两年来一直做重复性的工作，感觉在公司没有发展机会。

我已经近40岁了，对目前工作有些倦怠，不知是该坚持下去还是转行呢？

在公司内部和外部有一些机会，听起来不错，我该选择哪一个更好呢？

员工对个人从事工作及职业发展的满意度在某种程度上会影响其工作热情、投入度及能力的发挥，给组织激励和保留员工带来挑战，盖洛普咨询公司在 2013 年调研发现，87% 的员工在组织中工作投入度不高。投入度直接影响组织业务结果的达成和客户的满意度，组织一直在尝试以各种策略来应对这些挑战。首先看看带来挑战和困惑的因素。笔者以为，社会环境、组织文化及员工个人作为一个系统，共同并相互影响，让我们感受到了有史以来人才发展的挑战。社会环境及组织环境的变化，对每一个人的工作及感受产生影响，同时我们看待环境及个人发展的角度及方式也影响我们对境遇的感知。

第一节
社 会 环 境 与 职 业 发 展

一、经济的快速发展

世界在经济、政治、科技和文化方面正经历着快速的发展变化，特别是中国改革开放 40 年，经济的快速增长，中国的 GDP 从 1979 年的 4062.6 万亿元到 2012 年达到 519470 万亿元，增长了 127 倍。外资企业涌入，国内企业在规模、数量上陡增，据国家工商总局发布 2015 年 1 月全国市场主体发展报告，统计显示，我国每天新增公司 1.16 万户，实有户数突破 7000 万，新登记注册企业保持快速增长态势。这种飞速的发展变化给我们的工作感受带来了影响。

1. 选择的多样化

人才市场的发展和需求，让我们感觉似乎有很多的职业选择，在这个组织不合适了，可以换一个，这个领域不喜欢了，也有机会尝试不同的行业。人怕没有选择，也怕选择太多，它可能让一个人无法安心，外在的声音或者诱惑左右着我们的选择，内心的声音可能被忽视，选择时不够心定，选择后短期满意了，过一段时间又会出现新的困惑。

2. 人才的揠苗助长

经济的快速发展，组织的业务和市场快速增长和扩张，需要更多的人才承担更大的责任，有很多并没有准备好带领团队的人员承担管理团队的责任。经济、业务的发展可以加剧，而人才能力和意识的发展却需假以时日，发展也需要遵循一定的规律，因此，组织中有不少管理岗位的人员只是因为其业绩、能力相对较好而被提升为管理角色，这也是组织快速发展过程的必经之路，期望这些提拔上来的人员能在实践中快速锻炼成长。有些员工认知到，只要自己绩不错，就应该有机会提升，没有充分从未来角色能力考虑，而只关注当下绩效，经理由于主要关注业绩，也没有准备好有效回应员工提出的诉求。

二、科技的发展变化

技术的快速发展和更新迭代，渗透在组织业务发展价值链的各个环节。计算机、互联网技术的更新创建了很多新的职业选择，例如，利用互联网媒介技术创建新的公司、新的销售方式；新技术与产品的结合、创新服务方式等，会带来不断出现的新岗位。同时有些岗位也会不断被取代或消失，如人工智能的发展，未来需求多样性、个性化会变成主流趋势，这些都对我们的职业管理及感受产生影响。有一位员工说："我一直希望在组织中某个领域成为专才，过去一直致力于专研这方面的技术，现在该领域技术被新技术取代，而在这方面我也没有优势，不知下一步怎么发展？"这让有些技术领域的人才产生困惑。同时，技术的发展给过去在某方面的专家们带来新的挑战，如何运用新的技术生产产品，提供更好的服务，运用互联网技术进行产品的推广，等等，过去的专家在新科技面前有可能成了新手。特别是近几年谈到的 VUCA 时代的变化，资源紧缺，环境复杂，在这样的商业环境，客户和市场都是动态的，会随着时代和技术的发展而变化，很多组织不能及时调整方向，没能及时适应新的环境，因为错误的假设而迷失，因为错误的航标而消失。因此我们看到组织在不断地并购、收购、转型或缩编，在这样的变化环境中，员工对自己未来的职业发展感到无限的可能，同时又感觉迷茫。在这定不下来的年代，职业的定位和规划充满着不确定性，而快速学习成长能力是当代员工职业发展成功的关键要素。

三、社会文化

近 30 年来，很多人对成功的评价标准较为简单，有些朋友跟笔者分享，同学聚会时经常会问："在哪里高就？高升了？挣大钱了吧？"似乎职位的提升和收入是说明一个人职业成就的唯一标准。很多人不断地与同学攀比，与同事攀比，却较少与自己的过去攀比。这在一方面提升了我们进取的动力，同时也使很多人的职业发展目标变成了升职加薪的目标。笔者在与一些组织合作时，人力资源管理者非常头痛的是员工的投入度（Engagement）不高，通过敬业度问卷调查发现，影响员工敬业度的关键因素是"钱"和"权"。随着时代的发展变化，人们的认知和价值观也在变化，越来越多的人感知除了"钱"和"权"，还有很多因素对我们职业满足感和成就感是非常重要的。据人力资源权威机构 Manpower 调研数据显示，到 2020 年，劳动力市场中有 59% 的员工是新生代（1982 ~ 2000 年出生），他们在职场中的需求会有所不同，在工作中他们最关心的前三个因素是：薪水 / 赚钱；能有积极的贡献和价值；被认可为某个领域的专家。

职业安全同样是非常被关注的，而新生代对职业安全有了不同的定义：

不是像过去要在一个组织中通过不断地提升来维持生活标准，而是以市场需要的工作技能保持自己在职业生涯中的可雇佣性（Employability）。

第二节
组织环境与职业发展

一、组织结构的扁平化

在市场激烈竞争的环境中，为了更有效地感知并及时回应、满足客户的需求，提升其核心竞争力，组织在缩减层级，建立以客户为导向的结构和机制。有的企业实行了"打破中层"，有的企业尝试建立以产品为核心的项目管理机制，有的职能在逐渐外包或形成共享中心。这些变化的直接影响是组织的正式管理职位减少了，而对员工能力水平的要求却提高了，没有正式的管理职位，却需要与不同部门利益相关方合作影响对方达成结果。组织结构和机制的变化远远快于人们内心意识的变化，很多员工一定程度上还在用过去工业时代层级组织的意识看待自己的职业发展。

二、岗位责任的细分化

上面谈到组织结构不断地趋向扁平，在很多组织中，特别是大型组织中，已经有一个良好的组织结构，工作分门别类，形成部门结构和关系，产品事业部和地区分支机构，同时发展出高效的运作流程、清晰的汇报关系、明确的责任体系。员工可能重复做着他们熟悉并能够做出一流业绩的工作。这样的组织结构虽然是工业时代的产物，却是一个组织高效运作的基础。而在这样的组织中,员工长期重复自己的工作,可能会有倦怠的感觉,希望轮岗,但由于角色任务的细分,机会有限。

三、组织与员工的关系

职业生涯管理专家杰弗里 H·格林豪斯(Jeffrey H.Greenhaus)指出,在组织中员工与雇用方除了正式合同之外,还有一个心理契约(Psychological contract),在传统的组织中,这种契约是相对较为长期的,员工感到更为安全同时也会更为安心忠诚于组织。而在当代激烈竞争的市场环境中,有些组织采用较为短期的交易型(Transactional)的心理契约,双方都没有也不太可能给予对方长期的承诺。企业与员工的关系从"雇佣"(Employment)变为"可雇佣性"(Employability)。员工更为渴望寻求机会接受新的任务来锻炼自己,或学习新的技能来迎接当下及未来职业发展过程中的挑战。

四、组织的薪酬认可机制

员工渴望职位提升,追求的不仅仅是职位本身,更多是它涵盖的员工更为关心的要素。笔者在做职业辅导过程中,当问到被辅导者"升职到更高一个职位,你希望得到的是什么?对你的意义是什么?"有时被辅导者回应,"这是对我工作干得不错的认可/这意味着我有些成就/我可以掌控更多资源/薪水提升/让我感觉到被重视,等等"。笔者问到:"当你观察更高职位经理的工作过程时,你对这个职位的工作内容的喜欢/感兴趣程度怎样?"他们会迟疑良久,思考后回应"其实更高职位的工作内容对我不太具有吸引力,更多的会议、协调沟通,等等,也会有更大的压力,我原来是搞专业的,不过我相信我也能干好"。这让我们了解到有些员工追求升值,更多的是渴望被认可、对其贡献或能力以物质和精神方面的认可,而并不是真正喜欢或享受管理工作的责任。组织的管理者需要思考:

现在组织中的薪酬奖励机制怎样?薪酬机制激励/强化的是什么?

认可机制／文化如何？什么样的行为和结果是最被认可的？

这种奖励和认可机制对员工的职业发展思维和规划有哪些影响？

如何帮助要承担管理职位的员工对管理工作本身充满兴趣和激情？

除了职位之外，在目前状况基础上，还可以做哪些事情对员工贡献进行激励和认可？

五、组织职业发展路径的明确性

有些员工抱怨在组织中没有发展机会或公司没有清晰的职业发展路径，人力资源管理者又在为找不到合适的人才而发愁。曾经有一个医药公司的 HRD 告诉我，公司网上公示出很多空缺职位，却没有几个员工申请，在组织需求和员工诉求之间架起了桥梁却不够畅通，希望发展的员工并不清楚各部门需要的人才及其能力要求，即使了解后也会思考我适合这个职位吗？如何申请？领导是否支持？等等。其实清晰的发展路径不会创造出更多的管理岗位，但清晰的路径会让每一位员工知道在当前组织中个人未来发展的可能选择及需要的能力或条件，个人可以检视自己的兴趣能力来选择自己的方向，通过努力不断提升自己。路径不清晰一方面是对关键岗位的要求不够明确，更重要的是沟通的渠道需要更加通畅。这也是为什么有些公司正在致力于打破这个局限，采取增加沟通会议等措施的原因。

六、管理者对于人才发展的意识和能力

《领导梯队》的作者拉姆·查兰（Ram Charan）提到，领导者提升到下一个岗位更多地要参考评估其在现有岗位上驾轻就熟并表现出更高层岗位的某些领导潜质，而不是现任岗位的绩效表现。在当代组织快速发展的环境中，有些管理者是破格提拔到新的领导岗位，承担了管理的职位，但其管理者思维和行为并不会随着职位的提升而自动拥有。由于缺乏相应的领导技能、时间管理和工作理念，同时又承担了更多的业务责任，导致工

作压力大，容易忽视从团队整体考虑人才发展战略，成员的需求及职业发展的期望等。当员工提出职业发展的诉求时，不知如何有效地回应，支持员工在组织的发展。近些年，管理者成为教练或职业发展教练的培训被很多组织采用，希望帮助管理者更为有效地支持员工发展，释放员工潜能并提升其工作的热情和投入度。管理者可以思考：

为了支持公司／团队未来 3 年的业务发展，人才管理和发展策略是什么？

什么样的人才对团队／组织的成功是至关重要的？

他们应该具备什么素质、能力和经验？

现有团队的人才布局如何？是否能够支持业务的成功？短期？长期？

现有团队成员的职业发展追求是什么？他最看重什么？

现有团队成员的优势是什么？短板／局限性是什么？

我如何帮助他们发挥优势？

我如何帮助他们提升？

我如何帮助匹配他们的优势与组织发展的需求？

我如何帮助他们在本团队发展？

我如何支持他们在跨部门的发展？

第三节
员工是职业发展的主人翁

不同员工对职业发展的看法和期望也不一样，随着社会环境、经济环境、组织环境的变化，转换个人对职业发展的理念、思维及采取不同于过去的行为将对员工的职业发展至关重要。有些员工／经理跟我抱怨："我们公司领导只关心业绩，很少跟我们谈个人需求和职业发展，人力资源部门也没有跟我分享未来我在公司的发展路径，所以在这个公司没有什么机会。"这种"等、靠、要"的思维在现代组织中极大地局限一个人的发展，前面提到，当代组织与员工的关系发生了变化，员工需要成为自己职业发展的主人翁。

一、主动了解自己，避免盲目

没有人可以明确告诉另一个人，他的职业发展路径，每个人是独特的（包括你的天赋优势，你的兴趣爱好，你特别希望创造的价值和做出的贡献等）。如果了解不够，外部的因素就会左右我们的选择，如职位、薪水、他人的看法等，即使选择了，过一段时间，内心欠缺满足感，也会有新的不满意。因此员工需要主动了解探索自己。参考问题如下：

未来最想做什么？我对做什么样的事情最有热情？

在工作中，哪些因素对我是非常重要的？我最关注的要素有哪些？

现有的工作环境中我想多做一些什么事情让我更有成就感？

我的天赋优势是什么？做什么事情让我最有成就感？

我的合作者对我的优势看法是什么？他认为我有哪些优势？

我的局限性是什么？可能的盲点是什么？

二、主动了解组织，挖掘机会

德国的管理学家马利克提到："如果一个员工只关注自我的需求和兴趣，而对组织的需要不太感兴趣，这是职业发展的'陷阱'。"了解组织的需要可以让自己发现可能的机会，更有针对性的评估自己，更有方向的准备自己，更有效地管理自己的发展。参考问题如下：

组织的战略发展可能创造了哪些新的岗位/机会？

组织的发展对员工提出了哪些新的需求？哪些能力是组织最需要的？

组织文化价值观倡导什么？反对什么？

我从哪里获取这些信息？如何了解到？

谁可以帮助我？有什么困难？如何克服？为了我的职业发展，哪些能力是最需要提升的？

三、确立志向

现代组织里很多员工没有立志的习惯，也不清晰自己的志向是什么。我们更加务实，灵活多变，殊不知，历史上多有成就之人均有立志、观察周围职业发展成功人士，在他们的经历中，不同的阶段都有自己的志向。心学大师王阳明先生谈到人生初始的主题就是立志，他说"志向不能立定，天下便无可做成功之事"，志向未定，就如同无舵的船，无衔环的马，随水漂流，任意奔逃。笔者认为，立志不仅仅是我们过去说的去当科学家、飞行员或土豪 / 有钱人，而是内在的心之所向。立志更多由内而外，如我要拥有什么样的品质和能力 / 经验？我要创造怎样的价值？我要做出什么贡献？我要在什么领域发挥自己的优势做出成就？等等。这样的志向在我们的掌控范围，更能激发一个人的激情和动力。笔者的一些合作伙伴分享他们在组织中的志向是：2 年内成为职能总监，3 年内成为公司的总经理，这个志向对有些人看似有激励性，但它属于外职业生涯，尤其在快速变化的组织环境中，它不是我们能够掌控的，即使达到了，那我们下一步的职业志向是什么？我们可能有点空了，没有了，好像站在山上了只有看风景的感觉，动力不够了。短期的具体志向没问题，而长期的志向更能激发一个人的动力，让自己的职业和生活更加灿烂。

四、主动行动

有些人跟笔者谈到，"我很希望能够主动管理自己的职业发展，可现在不太清楚方向，担心方向不对，浪费功夫"。笔者以为，如果一个人目前还不能明确自己的志向，就把当前的工作尽可能做到卓越，主动学习并寻找事情或挑战来锻炼自己的能力，来迎接未来可能的各种机会也是职业发展的明智之举。作为职场人，你会发现，表面看来是为公司做的一切，为公司的业绩在努力，其实也是为自己在做，在为自己的职业发展每一步奠定扎实的基础，你交给公司的是业绩，同时获得的是自己能力的提升，练就的是自己的本事，积累的是自己人生阅历财富，在这个过程中体验辛勤带来的成就和快乐。

第十六章

职业发展的
方法论

无欲速，无见小利；欲速则不达，

见小利则大事不成。

——《论语》

　　一个人的工作不仅仅是谋生的手段，长期从事的工作，除了能够带来物质回报之外，还带来诸如成就感、人尽其才的满足感等多种精神回报。Novations Group 研究显示：当个人在满足组织期望的过程中做出成绩是一个人最满意的时刻。职业发展是一段让你与你所在组织一同并肩向前的旅程，在这个旅程中，个人的兴趣、能力及组织的业务发展需要在不断地发展变化，在这个动态变化的过程中，双方之间的交集及吻合程度决定着一个人的职业满意感和成就感。

　　职业生涯管理专家杰弗里 H·格林豪斯等提出现代组织的多种职业发展路径和方式，传统的职业发展通过不断地晋升发展；专业发展路径则专注于某个领域的深化和稳定，没有显著职位的晋升；螺旋式职业发展方式即周期性的职业转换（专业和领域）；另外，一个人的职业发展还需要考虑本人所处的职业发展阶段，一般情况下，18~24 岁为探索阶段，24~30 岁为尝试阶段，30~45 岁为定位上升阶段，45~60 岁为稳定贡献阶段。

　　以上发展阶段只是参考，也会随着时代、环境的不同而有所变化。但职业发展的确受年龄因素的影响,不同阶段专注点及需求也有不同。《论语》中讲:"吾十有五而志于学,三十而立,四十不惑,五十而知天命,六十而耳顺,七十而从心所欲,不逾矩。""吾十有五而志于学",意味在年轻的时候,如30岁以内,不管是什么职位或工作,学习、积累经验和能力是主要目的。人到40岁,经历了成就和辉煌,也有挫折、彷徨,疑惑而后沉思、反省和醒悟,对自己和环境有了更理性和清醒的认知。

第一节
了解自己

一、个人兴趣

兴趣是一种情绪,也是一种力量。当一个人对工作中某方面的事情有兴趣并愿意为之付出努力时,也可能结合了他的价值观,或可能预示着那方面的天赋。对工作持久的兴趣或志趣将促使一个人在某个领域或事情上不断地探索、提高、坚持,并克服困难,不放弃,取得成就并做出贡献。在职业发展中,最好有两方面不同的兴趣爱好,如工程和艺术,人力资源与数据处理,它将会帮助你在同行中脱颖而出。

探索个人兴趣的方式有很多,如自我经历的反思(高峰体验),尝试不同的事情,也可借助于测评工具等。

1. 反思探索

是发现自身兴趣的常用方法,通过提问,了解发现自己。

闲着的时候,你最喜欢做什么?

什么事情让你干得精神百倍?

你喜欢读什么书？

小时候什么最能激起你的好奇心？

哪些与你的职业相关的经历让你兴奋不已？

你希望目前的工作多做一些什么？

你希望在目前的工作中少做一些什么？

你目前的工作中最喜欢做什么？

工作中你最不喜欢做什么？

什么时候你最开心？

如果你知道你不会失败，你会尝试做些什么？

什么事情让你最兴奋？

你梦想中的工作应该具备什么特征？

2. 测评工具

Brikman 职业测评是一个较为常用的工具，其中描述了 10 大兴趣领域。

（1）艺术方面：享受于表达和探索创意的观点。在工作上，会重视自我形象和公司如何向外界塑造形象。

（2）文学方面：注重信息及内容如何被形容、表达，也喜欢在大众中进行演说。

（3）音乐方面：重视围绕身边的和谐度；当团队有些事情会让士气低落或绩效慢下来；会观察团队一同工作的契合度。

（4）宣传说服：喜欢与他人进行说服性的互动；藉由说服或争辩，激发他人接受某个想法、行为或意见；享受在工作中授能别人、影响别人，并让别人产生行动力。

（5）社会服务：藉由社会活动、社团，整理协助与服务，以支持和提升个人或环境 / 社会的状况；享受提供他人帮助而产生的相关活动。

（6）科学方面：喜欢涉及专业性或研究性；可能有本能的好奇性，或充分享受探索如何操作，或挑战逻辑问题，以找到不同解决方案的活动。

（7）机械方面：喜欢动手操作的工作；享受理解如何将事情组合与整理在一起；更喜欢因这些活动而产生具体的成果。

（8）户外方面：喜欢亲自动手做的工作，或在户外进行的事务，或亲近大自然环境；注重能够有不断变化的活动或事情。

（9）数字方面：喜欢与数字为伍；享受于能探索数字的分析性活动；可以从统计理论或测量方法中发现乐趣。欣赏基于量化的信息中获得务实的解决方案。

（10）行政事务：喜欢细节和可控或可预期的事物或活动；重要的是工作中有可控制并指导的系统。

有人问："我有这方面的兴趣，但无法与我现在的职业结合"，或"我有兴趣做某事，但不能给我带来期望的经济回报"。对某个事情的兴趣并不意味着他有这方面的能力，要让感兴趣的事情成为自己的职业，需要积累相应的能力，才能给组织／客户提供价值，获得回报。而兴趣是帮助我们跳出舒适区，克服能力提升过程困难和倦怠的动力。前面提到，一个人职业发展成功的重要因素之一是为组织提供价值，即满足组织的需要。当你清晰自己的兴趣领域时，需要思考：

这个领域是我愿意为之坚持付出努力的吗？即使遇到困难？

我在这个领域的能力如何？如何快速积累我的能力？

我在这个领域的价值与组织现在期望的吻合程度怎样？与组织未来的需求一致性如何？

在当前工作内容方面做些什么改变更能符合我的兴趣领域？

二、职业价值观

1. 职业价值观

职业价值观指人生目标和人生态度在职业选择方面的具体表现，也就是一个人对职业的认识和态度以及他对职业目标的追求和向往。俗话说："人各有志。"这个"志"表现在职业选择上就是职业价值观，对一个人职业目标和择业动机起着决定性的作用。一个人通过对内外部条件、因素的比较，自觉主动选择出一些重要性不同（最有利于自身发展和能做出最大贡献）的观念和信念，当他做出职业选择时，不会放弃那些至关重要的东西。职业价值观是人们选择发展围绕的中心。一个人的能力、动机和价值观相互作用，在工作中不断调整。

价值观没有对错，是来自一个人内心的感受，不是事实。它是一个人行为的驱动力，它不是道德和规则。

一个人的工作领域或内容符合其职业倾向／价值观，那么他们就会全心投入并获得满足感。职业价值观的探索需要一个人的阅历，一般 3 年以上的工作经验和尝试体验会帮助自己更清晰地探索自己的职业价值观。职业价值观也不完全是坐在那里想出来的，尝试、经历后反思同样重要。

一个人的兴趣和价值观都会影响他的工作热情和动力，有时二者是有关系的。你对某件事情感兴趣，同时也可能认为做好这个事情对你的生命来说很重要，是你非常在乎的事情，对你意义非同一般。当你决定想成为什么样的人的时候，你就确定了什么对你的生命有"价值"，什么是值得做的，在很多事情中选出"最值得"的，这就是你的价值观。价值观同样会帮你发现你热爱的领域。

2. 职业价值观参考工具

麻省理工的艾德佳·沙因（Edgar Schein）研究总结职业锚是常用的一个工具，他相信，一个人的动机、能力和价值观组成了职业锚，总结 8 个领域的职业锚。

（1）技术／职能：很喜欢成为某个领域的专家或大师，他会在某个领域深钻，喜欢挑战并运用自己的能力解决问题。他可能愿意成为一个职能部门的经理，但不愿意重视综合管理事务，如果工作与他的专业能力关系不太，他会感觉无聊乏味。

（2）综合管理：很渴望成为管理者，不仅希望职位上不断晋升，也渴望赚更多的钱。他喜欢解决问题及与他人打交道，被责任驱动，理想的职业是在组织管理职位上能够做出决策。要在这方面成功，需要提升自己的分析能力、情商、人际和团队的工作能力。

（3）自由／独立：他在工作环境中，需要有自己的规则，自由和步调，喜欢做在自己的专业范围内的、有清晰地描述和时间期限的内容，并自己决定方法和步调。自由是最在意的。

（4）安全／稳定：他追求稳定，并把它作为生活中的首要考虑因素。虽然安全稳定是我们所有人在某种程度都关注的因素，但对于稳定导向型的人，会把它作为首要因素来指导自己的职业选择。他愿意寻求较为稳定的组织及工作，也相信忠诚是对组织重要的贡献。

（5）企业家创造：偏好这个职业锚的人们有驱动力来创造新的产品或服务，或创建一家新的公司，他会执迷于创造新的东西，喜欢挑战，或经营自己的企业。

（6）服务：有些人从事工作或事业是希望体现其核心价值，职业的选择会更基于在某些方面能够帮助他人，提升环境及社会的愿望。服务取向的人帮助他人的动力比展现她们的才华更加重要。

（7）挑战：追求挑战的人们动力来自挑战的事物，他认为成功就是不断地克服困难，解决疑难问题，或带来突破。他会寻找不断挑战和刺激，在工作中，希望工作内容有一定的挑战，这样取向的人可能希望多样化的工作，当感觉当前工作不够有挑战时会因为感到乏味而换工作。

（8）生活风格：这个取向的人会趋向将有意义的工作与生活整合在一起，他在寻求工作时，对组织是否给个人家庭的关注更为在意，更希望工作和生活的平衡，甚至超过其专业的发挥。

3. 职业价值观的运用

探索个人职业价值观的工具有很多，盘点或检视个人的职业价值观还有选词法、问卷法等。每个人可以选出对自己最重要的3~5个工作价值观。当一个人更清晰自己的工作价值观时，通过反思个人的职业取向对个人发展及方向定位的价值，帮助其在职业发展方面能够做出明智的选择和行动。

反思问题参考如下：

最重要的 3 个工作价值观是什么？对我未来的工作选择有哪些影响？哪些可能的选择、工作任务／责任更能满足我的工作价值观？

最不重要的 2~3 个工作价值观是什么？对我的工作选择有什么参考意义？

我当前的工作／角色任务在多大程度上能够体现我的价值观？

我要在哪方面扩展自己的工作任务来更好体现自己的职业价值观，让自己更有成就和满足感？

我的行动是什么？

一个人的成长过程，也是一个内在需求和外在需求配合的过程，是在"我想要"与"我必须"之间的一种协调。考虑价值观时，也需要考虑自己的能力与其适配性。如一个人的权力价值观较高，很愿意努力取得成就、控制资源和承担责任，不喜欢跟随。在发展中同时要检视自己在领导和影响他人方面的能力水平。

一个组织想要激励团队成员对工作完全投入、积极付出、发挥潜能，了解并匹配他的工作价值观十分重要。如果员工的工作业绩下降，除了能力不足外，最主要的原因之一就是他的某些工作价值观未得到实现。价值规则是对价值观的定义，如甲和乙都需要成就感，但甲对于成就感的定义是当众表扬，而乙对于成就感的定义是对于他的完全信任。价值规则不同，满足工作价值观的方式、行为、管理模式也会不一样。了解所有团队成员的工作价值观，将每个人的工作价值观排序，找出价值规则，然后设定满足每个员工工作价值观的方式及管理模式。

三、能力优势

1. 能力简介

我们每个人都有自己独特的能力，你可能会发现你的某些才能与其他人相同，但也拥有别人没有的才能，其他人也一样拥有一些你没有的才能。一个人能在成功的路上走多远，要看这些才能利用到了什么程度。助力于我们职业发展成功的能力包括知识、技能和天赋才干等，柯维在《信任的速度》一书中用 5 个词的第一个字母组成的 TASKS 表述能力所包含的方面。

Talent（天赋）：也就是我们所说的禀赋和优势。例如，有的人很善于演讲，富有激情，善于与人打交道，虽然技能和知识对他也很有帮助，但能力和热情的核心是他的天赋。当我们很好地运用了自己的天赋，不仅可以高效地完成工作，也是我们的贡献和成就的主要来源。

Attitudes（态度）：态度是影响我们的思考、感受和行为的感觉或情绪，在职场环境中，往往是一个人的态度决定一个人的高度，如个人对工作的态度和看法如何？对学习的态度怎样？对自己能力是怎样认识的？如何看待组织环境和机会？个人对待事物态度的积极性程度如何？态度更为积极主动的人在同样的角色和组织环境中会采取不同的行为方式。

Skills（技能）：即完成某个任务或承担某个角色需要掌握的技能，如一个具有很强业务敏感度的销售经理，为了更有效地承担管理者的角色并发挥每一位团队成员的潜力，需要提高人员沟通和辅导的技能；组织的高级工程师，为了更有效地发挥他的专业影响力，会主动发展提高人际协作能力。我们需要了解并不断盘点：自己目前拥有了什么技能？未来组织需要自己具备什么技能？为了更有效地完成工作，自己还需要提高哪些技能？同时也无需让已有技能所困。作家吉姆·柯林斯认为，有的时候我们所发展出来的技能并不是我们真正的天赋所在，我们对这方面可能也没有热情，不要被自己已经拥有的技能束缚，因为最终，天赋可以比技能把我们带到更远的地方。这也让笔者想起，周围很多人对自己的职业不甚满意，感觉无聊，但又不会转变。

Knowledge（知识）：不断增加自己的知识，特别在快速发展的社会环境中，信息的更新速度更为加剧，增加知识就更为重要了。不断反思自己："在我的专业领域中，我目前的知识水平如何？我在不断更新自己的知识吗？我希望学习哪些方面的知识？"

Style（风格/方式）：每个人都有自己的风格和处事方式，如有些人在众人面前较为安静，有些人更为活跃，有些人更关注他人的感受，有些人更关注任务的达成。风格没有对错和好坏，更重要的是依据环境和目标表现得恰当合适。因此，一个人需要经常检视自己的风格或方式。例如，个人目前的处事方式是怎样的？在自我的角色上是否有效？这种方式对达成结果效果怎样？他人是怎样看待这种风格或方式的？为了更为有效地达成期望结果/解决问题，需要调整哪些方式？

另外，能力研究专家也对能力进行区分，具体分为：

专业技能：这些技能与你的专业或职业有关，不能转移到其他行业。例如，你的计算机程序技能、药品检测技能等，只能应用到某些工作岗位上，并不是所有工作都用得着，也是指我们在某一个行业或专业上的知识及与本岗位密切相关的技能。

可迁移能力/综合能力：这些技能可以转移到不同的行业，应用，如解决问题、调查研究、组织安排、分析判断，沟通等，它们在不同的职位上都用得着。大多数人都能很快地讲出他们所具备的专业技能或他们所缺乏的专业技能。但是容易忽视的，就是可转移应用的技能，而恰恰可迁移能力才是你建立自己事业的宝贵基石。例如，在一个人的职业发展过程中，可能会承担超越自己过去工作范围的新责任、新角色或岗位，在这个转换过程中，专业技能未必能够全部迁移过去来支持一个人在新角色上取得成功，而正是可迁移能力的发挥帮助他能够在新的角色上站稳脚跟，通过不断地学习发展，取得成绩。笔者大学毕业后从事医药保健品的研发，7年后转行应聘销售，并在计算机和软件销售方面小有成绩，承担销售的管理角色，后来又转行从事人力资源、培训及咨询行业，看起来这些职业不太相干，总结回顾，恰恰是可迁移能力让笔者能够在新的角色上干下来并通过努力取得一些成就。一般情况下，大部分职业由70%的通用能力和30%的专业能力组成。通用能力可以迁移，帮助你转换岗位/角色时快速上手。因此，不断盘点厘清自己的能力，特别是可迁移能力及优势至关重要。

多数情况下，人们不清楚自己最擅长什么，只知道自己不擅长什么，即使在这一点上，认识也往往不太清楚。一个人要有所作为，要多依靠发挥自己的长处优势。

2. 发现自己的能力优势

（1）总结反思法。对过去取得的成就和成果总结，未来的兴趣和渴望带来的信号也可能预示着我们具备这方面的天赋优势。参考问题如下：

在过去的工作中你取得了3~5个让你骄傲的优异成绩是什么？发挥了什么能力让你取得这些成绩？

你曾经有效完成的3~5个任务是什么？什么事情是你能够较同伴更为轻松很好地完成？为什么？发挥了哪方面的能力？

人们经常会请你做哪些事情呢？如果你的老板和同事评价你的才华，他们会怎么说？

如果没有任何限制，在职业发展中，你未来渴望做并有信心做好的事情是什么？

（2）反馈分析法（Feedback Analysis）。每当做一个重要事情或一个重要决定时，记下自己对结果的预期，几个月后再将实际结果与自己的预期进行比较。利用这种方法就可能在较短的时间发现自己的长处。知道你正在做的哪些事情会让你的长处发挥或不能发挥出来。

（3）实践和尝试。斯坦福心理学家黑兹尔（Hazel）提出"可能自我"的概念，通过反思、总结人们了解了基于过去的"真实自我"，而可能的自我立足于现在和未来。了解自己的优势，要勇于尝试新的活动和超越当前岗位的工作内容。

（4）借助测评工具。业界流行的"现在发现你的优势"，HBDI全脑优势，Hogan等行为偏好工具也可助你一臂之力。

现在市场变化太快，特别是在互联网时代，基于战略及业务对能力的需求变化，很多组织对人才的能力越来越要求综合能力及端到端的视野，人们需要不断的检视自己，持续地快速学习和提高。有专家提出，木桶理论在这个快速发展的时代可能不太适用了，专业的细分也让我们无法补齐所有的短板，任何公司、个人无需精通一切，只需有一块足够长的长板及一个有"完整桶"的意识，可以通过合作补齐自己的短板。彼得·德鲁克（Peter Druck）也说"优秀的职场人士会发现并发挥自己的优势，让自己的短板不那么致命"。在职业发展中较为有效的能力发展策略是"一专多能零缺陷"：即自己有一项专长；储备几项通用能力配合使用；通过自己的努力或对外合作，让弱势变得及格。

我们生活的时代充满着前所未有的机会，有了机会，也就有了责任，特别是知识工作者，要成为自己职业发展的主人，知道把自己放在什么位置上才能做出最大贡献，在职业发展的旅程上保持高度的觉察和投入。史蒂芬·柯维认为运用你的优势去工作是对的，只是部分正确，规划职业发展的思路，还要知道你的责任是什么？你希望创造的价值是什么？吉姆·柯林斯也认为每个人都应该回答一个问题："你在做什么？"这不是回答你的工作名称，而是你的责任，这也是笔者多年来观察到的现象，多数优秀人士的驱动力来自责任及渴望为他人创造价值的动力源泉。

第二节
组织环境因素

一个人的职业发展一定离不开组织环境，那么组织环境因素指的是什么呢？每当笔者问到此问题时，多数情况下员工会回答"组织提供的机会，没有平台和机会，从何考虑个人的发展"。这个回答看似合理，却也是事实。让我们换一个角度去诠释机会：组织为了给客户和市场提供价值，满足需要，达成期望的目标，对员工能够创造价值的需要和期望，如，需要员工能够完成某些任务或具备什么能力。这些需要就带来了机会。当我们主动有意识地了解、感知到组织的需要，获得机会的可能性就更大。这也是更为主动的态度来驱动个人的职业发展。了解组织环境因素可以参考以下维度：

（1）角色需要。

如何在当前角色／岗位上做出成绩：

该角色的成功要素是什么？

行业内这个角色的标杆和榜样有哪些？

他们做得更加卓越的成功因素是什么？

我承担的角色／岗位的利益关系人是谁？

利益关系人对该角色的期望是什么？这个角色需要给他们带来什么价值？

我在这个角色上做得如何？给自己打多少分？（1~10）

与标杆相比，我有哪些方面可以做得更好？需要提高什么能力？

为了更好地满足利益关系的期望，我在哪些方面可以做得更好？

（2）组织发展变化的需要。

快速发展的市场环境和客户需要，给组织带来哪些挑战和机会？

基于组织业务战略的发展，更好地为客户带来价值，可能有哪些新的岗位、角色出现？可能启动哪些新的项目？

哪些任务／项目／角色可以有利于展现我的优势、挖掘我的潜力或拓展我的经验和视野？

基于组织业务战略的发展及可能的机会，组织对员工的能力有哪些新的期望？

我应该具备哪些能力才能更好地抓住期望的机会？

我在这方面的能力现状如何？我的优势是什么？我需要提升的领域是什么？

我的哪些优势能够使我更好地满足组织发展的期望，并支持个人的职业发展？

下一步行动是什么？

（3）组织文化。

组织文化包括组织的价值观及一些"本应如此"的假设。价值观很容易识别，通常组织经过深思熟虑后写在组织的使命、目标或战略中，并对外公布和宣传倡导，也是组织的愿望。而在组织中无处不在的，通过组织内部成员的实际行为方式明显体现出来的是关于"在这里大家是如何做事情的"及"本应如此的假设"，却是很难识别的。因此，了解组织文化不仅需要了解一个组织的战略价值观，还需要对其文化范式增加了解，这对一个人在这个环境中发展和成长非常重要。否则，一个人即使有能力，也未必能够充分展现出来。

"我的一个朋友王先生是一家美国 500 强科技公司的运营部中层管理者，8 年的管理工作经历让他积累了较为丰富的国际化企业管理和运营经验。在 2012 年通过介绍去了一家国内上市民营企业工作，该企业的总经理非常看好王先生的经历，并委以副总的职位，希望他能够在组织中展现他的能力，帮助企业更上一层楼。王先生也希望快速做出成绩，证明自己。基于过去的经验，他采取了一系列的变革措施，优化组织架构和流程，人员的变更及培训等。3 个月后，王先生就感觉推动吃力，有些人不配合或观望，6 个月后总经理就严肃地与王先生谈话，讨论所采取的策略对达成期望目标的恰当性和有效性。王先生也有些无奈，自己竭尽全力希望带来更好的结果，过去已经证实好的策略和做法在推行时却阻力重重，企业多年来形成的看法和做法已成惯性。1 年后王先生离开了这家企业。

后来笔者问到他，在这个过程中有什么学习和经验？王先生分享，文化的适应性在一个人的职业发展和转换过程中非常关键，特别是对于管理者转换一家新的公司或晋升到新的岗位上，反思文化差异并更快速与团队建立信任，花时间聆听沟通并了解雷区是关键。以下问题供参考：

新的组织／团队的文化是什么？有什么特点？

过去工作的团队／组织的文化是什么？有什么特点？

哪些文化特点是相同的？哪些是不同的？

新的文化特点对希望推行的策略的积极影响是什么？可能的阻力／障

碍是什么?

谁是重要的利益关系人? 他们在组织的权力怎样? 对新策略有什么看法?

如何快速与利益关系人建立信任?

我将如何在新的文化环境中能够有效推行策略?

在组织中有效发展个人的职业,也需要了解、重视并体现公司倡导的文化价值观。组织会将其明确描述,倡导的价值观以不同形式进行宣传(如海报,员工卡等各种正式文件中)。有些人只是知道或能背下来,而运用其检视自己的行为将更为重要,组织中选拔人才及晋升管理者时,多要参考其行为与组织价值观的符合程度。杰克·韦尔奇说,那些即使业绩辉煌,但不遵守企业价值观的经理人,也不会得到重用甚至被要求离开。因此需要不断地了解:

我所在的组织的核心价值观是什么? 具体的含义是什么?

组织的核心价值观对于我的角色或岗位的含义 / 意义是什么?

在我的角色 / 岗位上,什么样的表现将符合组织的价值观? 什么样的表现不符合?

我当前的行为表现与组织价值观的一致性程度如何?

我可以多做些什么更能体现组织价值观? 少做些什么让自己的行为更能体现组织的价值观?

第三节
职业发展成功要素

一、职业愿景

我们经常谈到职业愿景,愿景是我们的头脑中看到的可能性,当我们把环境的需求与我们能够提供的可能性结合时，就产生了愿景。职业愿景即是整合你的优势、兴趣、价值观及偏好的工作环境和未来发展机会的图景。愿景是指导一个人在复杂的环境中作出选择，帮助你聚焦在所选定的工作选项上。没有职业愿景，你可能会失去焦点或对工作失去热情。有了愿景，将会有动力克服发展，超越自己成长旅程中的坎坷和辛苦。

员工可以在内心平静的状态下探索自己的愿景，运用想象力，构想未来的画面，在脑海中看到那个画面，并慢慢走近那个画面中：假如10年后，你在做一项你愿意做且对你很重要的工作，那将是什么事情？你做的事情对你有什么特别的意义？最让你满足的是什么？你的哪些优势能力得到发挥？你会和谁在一起？周围是什么样的环境？你那时是什么样子？你的客户是谁？你在给客户带来什么不同？

虽然有了明确个人愿景目标的方式，有些人还是困惑，不太清晰自己的职业目标。在这种情况下，你离什么最近就先抓住它，充分释放自己的优势和潜能，新的机会可能会在你不预知的情况下来临。有时摸着石头过河也不妨是上策，关键是让自己的每一步要走得扎实，利用每一个机会给自己积累经验，为下一步铺路。

黑兹尔提出"可能的自我"的观念，"真实的自我"根植于过去；"可能的自我"根植于现在和未来。人们是通过实践而非反思来发现"可能的自我"。对于"真实的自我"的执着可能会导致多样性丧失，如果一开始就需要弄清楚真实的自我，往往可能导致"行为瘫痪"，在等待自己豁然开朗的过程中，机会已从面前溜走。笔者认为，此观点值得参考，对"真实自我"的反思和探索让一个人更有方向和动力来采取行动，通过实践、尝试不断发现"可能自我"，让我们有机会释放自己的潜力，避免错过可能的机会。两者均不可执着，抉择时，根据当下的情境、个人的理性和感性因素来权衡会更为恰当。

二、职业发展成功要素

一个人的职业发展会有不同的路径，在不同的环境中会有差异化的策略和方式，笔者在多年的实践、观察中发现职业发展有一些规律可循，这里用 6 个词的首字母组成 GROWUP 来表达职业发展成功的关键要素。

1.Goal（目标）：职业愿景和目标

中长期目标： 3 年以上。未来理想情况下，我最希望在什么领域取得成就？希望在该领域做出什么贡献？谁是我未来的榜样？我最希望自己拥有什么样的品质和能力？

短期目标： 在未来 1~2 年，我希望承担更多的责任是什么？我希望提升哪些能力？积累哪方面的经验？拓展哪方面的视野？等等，短期目标需要具体且可衡量。

2.Reputation（声誉）

声誉即他人眼中的你，重要利益关系人对你的能力、品行的认知。你的能力对职业发展很重要，而声誉更重要。开放的听取他人对自己的反馈，更客观的认知自己并针对性地发展自己，同时有意识的建立并经营自己的声誉和品牌。

3.Ownership（主人翁态度）

你是自己职业发展的主人和驱动者。主动思考和盘点自己的优势、兴趣，了解组织环境中的机会和需要，在组织的平台上，定位自己的短期和长期发展方向和目标，主动与主管沟通获取支持，规划个人的发展。如果是依赖的心态，会感觉被动或无奈，也可能会错过期望的机会。

4.Well-prepared（准备好自己）

常言道，机会永远留给准备好的人，虽为老生常谈，却也是职业发展的金科玉律。主动了解自己和环境，才能更针对性地准备自己的能力和经验，当机会来临时不会错过。

5.Unleash your strength and Potential（释放、发挥优势和潜能）

了解自己的优势，通过尝试新的任务来延展优势，释放潜能。一个人在当前岗位或任务完成的优异，不能预测承担更高责任的准备程度。主动尝试新任务，一方面可以进一步发现了解自己的潜力，锻炼自己的能力，同时也是建立声誉品牌的过程。

6.Plan（行动计划）

如基于目标，制定具体的行动计划并落实，展现优势潜能的计划等。有时的确计划赶不上变化，变化了不等于没有计划，只是计划更新调整了，在现代快速变化的环境中，快速的学习，保持灵活应变的能力更为重要。

一个人的职业发展除了前面提到的个人兴趣、能力和价值观及组织因素外，领导力大师柯维在谈到成功的事业时，认为良知是一个重要的要素。一旦你了解自己的渴望和热情，你需要了解自己的良知。或许有些人会感到奇怪，良知对事业发展的影响是什么？你的良知会告诉你什么是你的责任，你的良知甚至还可以成为你能做出伟大贡献的源泉。除非你受良知驱使，否则你的事业没有任何意义。一个人内心的宁静和智慧，也源于不违背自己的良知而生活。

王阳明先生也说，良知是每个人的天赋，心中本有，如一面明镜，照出事物的真实状况，反应事物的真实状态。当你去咨询自己的良知时，你的良知会轻声告诉你应当做出怎样的贡献，如你对你的组织、客户以及同事的真正责任是什么？良知也会告诉你目的和手段是不可分的，如果你用错误的手段达到了令人羡慕的目的，这个目的最终会在你的手上变为尘土。彼得·霍金斯说：当你停止问一些问题：即"我怎样才能获得晋升"？而开始问"我要创造什么业绩？做出什么贡献？为别人留下些什么？"，这时，你的成功事业就真正开始了。吉姆·柯林斯在《基业长青》一书中也曾说：不明智的人和明智的人之间显著的区别在于，前者认为他们自己是在"工作"，后者认为他们自己是在履行责任，每个人都应该在回答"你是做什么的"这个问题时，不仅仅报上一种工作名称，而是一种个人的责任宣言。

第十七章

职业发展教练
方法和工具

视其所以，观其所由，察其所安。

——《论语》

前面提到职业教练与教练的区别，当教练了解掌握职业发展的理念和方法后，结合运用其教练技艺和工具，将会更为有效地支持被辅导者管理职业发展过程的困惑和问题。GAPS 矩阵模型是业界教练常用的发展教练工具，用以帮助人们发现他们的发展愿望，更深入地认知到现在在哪里，未来希望到哪里，并整合协调组织的需求和支持因素。模型给教练们提供了参考的维度和思路，但不能过于依赖模型和工具，因为是人在帮助被辅导者达成目标。

第一节

职业发展教练的流程：GAPS模型

一、GAPS 模型的内容及参考问题

运用 GAPS 模型的目的：

连接员工个人与组织的需求，促进目标的一致性；

连接员工个人目标与其价值观，提升其工作的满足感；

提升员工的自我认知和觉察；激发员工更有动力采取行动。

1. Goals and Values（目标）

一个人的激励因子，包括一个人的兴趣、价值观和愿望、工作目标和职业发展目标。可通过个人反思、职业兴趣问卷、绩效评估和年度目标等方式展开：

如果没有限制，工作中你最想做什么？

工作中有没有你觉得应该做却不愿意做的？是什么事情？

你希望未来 3 年做些什么不同的事情？为什么它对你重要？

2. Abilities（能力）

个人对自己的能力、风格和绩效的观点。

过去的工作经历中，哪些事情让你最有成就感？为什么？

回顾过去你成功应对一个较大的挑战？是什么使得你成功？

你的能力优势是什么？举例说明。你希望提升的能力是什么？为什么提升该能力对你的发展很重要？

3. Perception（洞察）

他人对自己的能力、风格和绩效的观点。别人的观察以及对观察到的现象的解读有可能与本人的不同。综合自己和其他人的观察，找

出其中对此人成功重要的部分。他人的反馈是我们学习的机会。可提出问题：

他人对你的能力是怎样的评价？

关于你的同事对你的看法你了解多少？

你在多大程度上了解你的重要利益关系人是怎么看你的？

这些看法与你自己的有什么不同？对你意味着什么？

你做些什么可以使你对自己的能力有更客观的了解和认知？

4. Success Factors（成功因素）

组织根据角色和责任对一个人的期望和标准，这些期望会随着组织和环境的变化而变化。作为教练，需要帮助个人了解组织的需要和可能提供的机会，如公司的愿景，战略及能力要求，团队目标，工作描述，个人绩效期望等。

对组织而言，什么是重要的？未来 3 年的发展目标是什么？

这个发展目标对员工提出了哪些期望？

在当前的角色 / 岗位上需要达成怎样的标准或期望？

二、案例：如何选择

案例

Jane 是一家德国公司的 HR 经理，为人谦逊好学，工作勤奋负责，在公司打拼了 8 年，在工作方面得到员工和经理们的好评，声誉佳。她在现任公司及前任公司担任过不同的职务，做过薪酬、培训和招聘，最近，公司将会实施一系列的变革，HR 职能将成立共享中心（Share Serve Center），在人员和结构方面进行调整。Jane 年龄已近 40 岁，也在考虑下一步的发展方向，是应该继续走综合管理路线，还是往专业路线发展，感到有些迷茫。我们恰好有一个机会在一起交流。

Jane 的话匣子打开了："我们公司最近会有一些变化，人员岗位可能会有一些调整，我这些天在想，如果有选择的话，我是选择 COE 部门从事专业方面呢？还是继续在 HR 的管理岗位上承担 HRBP 呢？我年龄不小了，也在想以后什么样的发展道路对我更好？" Jane 的表情有些疑惑。

教练："听起来你感到公司的变化可能会给你带来新的选择，这对你是一个考虑未来发展的机会，同时你也感到有些不确定。" 我问到："你对目前从事的工作的感受怎样？"

"我感觉还不错，工作这么多年了，很多事情都轻车熟路，与领导和业务部门老大关系也很好，我也是一个负责任的人，他们的评价也不错。" Jane 自信地侃侃而谈。

教练："你这么多年的工作经验和努力，做出了不错的成绩，也得到了大家的认可，静静地想一下，你个人的满足感 / 满意感 / 成就感程度如何？你给自己打个分。"

Jane 沉思了良久，说："也就打 7 分吧。为什么呢？看到有时能帮到业务经理解决问题，感到有成就感，可我每天忙忙碌碌，感觉自己像一个陀螺一样，想想也有一点空的感觉。"

教练："是什么让你感觉到空？"

Jane："我一下也说不清楚，好像每天都做自己应该做的事情，开会、沟通、写报告，没有时间让自己充电，发挥自己的经验和能力帮到更多遇到困难的业务经理和员工。"

教练："在你现在的工作内容中，哪些事情让你特别有成就感？"

Jane 这时眼睛亮了起来，她仰着头说："我在给业务部门分享一些管理知识和方法时，看到他们受益感到非常开心，我原来做过培训，也学习了一些教练技术，让他们拓展了不同的看问题的角度，帮助他们解决问题也很有成就感。我也喜欢花时间学习钻研 HR 及人才发展方面的内容，有时为了做好一个将要分享的内容会加班加点，但也感到值得。"

教练："听起来，你很愿意不断地学习提高，运用自己的经验和能力帮助他人解决问题，这样的事情让你喜悦有成就感。" 我说："Jane，请闭上眼睛，深深地呼气，吸气，让自己平静下来，在脑海中构想一个画面，想象一下，5年后的今天，你在做一些对你非常重要并有成就感的事情，那是什么事情？你与谁在一起？周围环境是什么样子？"

几分钟后，Jane慢慢睁开眼睛，眼睛多了份喜悦和坚定，若有所思地说："我看到了那个画面——我在与一个很聪明的团队一起探讨一个话题，探讨的过程让我很有启发，我在准备第二天给一个公司的管理团队做一个工作坊，我有些问题正与团队商量，我们在一起总能有心得、火花，太开心了。"

教练："再想象一下10年后的今天，你在做一些对你非常重要并有成就感的事情，那是什么事情？你与谁在一起？周围环境是什么样子？"

Jane："那时的我，会更有影响力，我在与同行业的大牛伙伴们一起交流，行业里很多人认可我的专业能力，也会有人邀请我去分享、讲课，帮助他们的管理者解决问题。付费也不低。哇，10年后的我都50岁了，噢，这样的工作最重要的是年龄也不是什么局限。"Jane开心地继续说："如果公司这次的变革有机会，我知道如何选择了。"

教练："太好了，你对自己的选择更清晰了。让我们一起看看，如果你做这样的选择，如何更好地准备自己呢？毕竟你已经有几年没有专业做COE的事情了。"

Jane自信地说："我还是有信心的，我过去做过，目前的工作中，我也做一些相关的事情。不过未来如何做得更好更专业还是需要计划准备的。"

教练："对于一个在COE承担优秀专业顾问的角色，你认为成功的关键要素和需要能力是什么？"

Jane："应该是专业知识、内容、信息的广博并深入地了解和掌握，对业务需求了解把握，这也需要与业务老大们的信任关系，沟通能力，针对需求设计流程、方法，更重要的是有能力将需求和内容结合起来，引导团队解决问题，提升能力，给业务带来价值。"

教练："太棒了，你过去的经验给你在这方面认知奠定了很好的基础。现在检视一下自己当前的状况，你的相关优势是什么？"

Jane："我多年的HR管理经验让我对业务比较了解，并与各部门老大有信任关系。我认为自己最需要提升或持续提升的方面是：从业务战略的角度来设计人才发展体系，还有我个人的培训和引导或教练技能，这方面我尽管做过，但与资深专业人员相比还远远不够。"

教练："如果你去问几个业务老大或你的老板，他人对你的能力优势与你会有差距吗？" Jane："那应该会有的，这也是我需要做的，听听他们的反馈。"

我们的谈话结束了，Jane 也非常开心。

第二节
职业发展教练的主要情境

在现代组织中，作为业务或人力资源管理者，辅导员工职业发展已成为不可或缺的角色和责任。很多组织投入大量的财力和精力培训业务经理，帮助其更有效地辅导员工，事实上，管理者比外部教练拥有更好的位置和视角来了解员工的处境、兴趣、能力以及组织内部可能存在的机会。前面提到员工的职业管理就是不断整合协调个人需求与组织需求的过程，管理者在这个过程中承担重要的角色，需要周期性地与员工对话，用心聆听下属，了解员工的状态、需求及遇到的困惑，帮助下属发展，促进学习和行动。在与员工开展职业发展对话过程会遇到不同的情境，或被辅导者的各种困惑所挑战。

作为职业发展领域的专家，睿仕管理（Right Management）总结发现，在组织中，管理者主要会遇到以下三种典型情境：管理员工的期望；匹配员工优势；支持员工的职业发展。

一、管理员工期望

很多管理者在教练培训过程中提出，让他们头痛的是员工提出的期望他们无法满足，比如，员工说："我在这个岗位上已经 3 年了，绩效也不错，希望有机会升职。"主管感觉员工的能力也不错，然而部门没有可以提升的机会。主管不知道如何与这样的员工展开职业发展对话，或者避免谈及此事，同时又担心员工不满意会离职。一定程度上，这与管理者看待职业发展的观点及辅导他人的能力有关。

1. 管理者需要思考

升职是唯一的职业发展路径吗？

员工真正的诉求是什么？员工希望升职，真正希望获得的是什么？

除了升职，还有哪些是员工在乎的发展途径？

员工对部门可能提供的机会了解吗？如果没有升职的机会，还有什么可能的改变可以帮助员工的职业发展？

除了部门的机会，组织中还有哪些可能的机会？

如果不开展对话，员工的感受是什么？对员工的满意度和投入度的影响是什么？

如果开展有效对话，你的挑战是什么？

你需要什么支持？

2. 管理者需要做

管理者作为教练有责任帮助员工了解组织中的其他人是如何看待和评价他们，并帮助他们了解组织或团队的现实情况以及未来机会的可能性，为员工提供建议，让他们明确自身为了实现职业发展而需学习的知识或开展的行动。这就需要管理者有意识了解组织现在和未来的发展、可能提供的机会及对员工的期望和要求，并有勇气让员工了解组织的信息，在现实的环境中，帮助员工在工作中更有成就感。

作为教练，同时切勿过度务实或消极地看待他人的渴望和理想，你对下属梦想和渴望的信任与支持将为他们播下火种，激励他们去实现原本他们（或你）认为不可能实现的理想。通常，这是你在担任教练过程中最有成就感的环节。可以通过以下方式管理员工期望，帮助员工客观看待环境，探索可行的方案：

认可员工积极进取的态度；

周期性对员工绩效提供反馈意见，提升员工的自我认知；

分享组织信息，识别现实性的目标及未来的可能性；

帮助员工明确为了实现职业目标而需具备的各项能力；

制定提升计划并给予支持。

3. 案例

案例一

Candy 王在公司客户服务部门工作2年多了，在工作方面成绩出色，最近表示希望晋升到更高职位，但是目前组织中没有客户服务经理职位的空缺。

辅导策略参考：

（1）认可：认可员工愿意承担更大责任的进取心；

（2）了解理解员工的想法，表示愿意支持员工职业发展的态度；

（3）分享组织信息和现状：

如鉴于目前的组织现实环境，你认为我可以做些什么可以帮助你的职业发展？

基于组织未来的发展需要，你希望在什么方面更能展现你的优势？你希望抓住哪些可能的机会（如客服经理）？

（4）共同明确成功要素：共同定义未来目标角色（客服经理）需要的能力和成功要素；共同评估员工的能力；自评优势和短板；教练给予反馈；让员工自己获取他人反馈或反思他人眼中自己的能力的声誉；

（5）定位发展领域及行动计划（参考第二部分个人发展计划3E策略）；

（6）澄清需要的支持，落实行动并周期性回顾。

案例二

Lisa 最近刚刚获得工商管理硕士学位。她是一名优秀的职员，目前希望晋升管理职位。她的部门目前没有任何管理职位空缺。她在私下向你表示，她可能需要另谋出路，并要求与你开展职业发展对话，探讨潜在的职业发展机会。

辅导策略：

重点在于让员工感觉到你的支持态度；帮助对方看到组织内更多的可能性；并开始能力的准备和提升。

（1）认可：认可 Lisa 愿意主动学习、承担更大责任并驱动自己职业发展的态度。

（2）共同探索目标：兴趣、价值观和目标（参考 GAPS 的目标性问题）；分享组织信息和现状并表示愿意支持她职业发展的态度；探讨可能的目标选项（本部门、本职能和本公司）。

（3）探讨管理岗位的成功要素和需要的能力；评估自身优势和短板：自评和反馈。

（4）明确发展领域：（对承担未来期望角色有帮助的发展领域）。

（5）制订行动计划：具体行动计划、需要的支持。

二、匹配员工优势，探索机会

组织中管理者更为关注业务，解决问题及达成绩效目标，这对每一位员工及组织都非常重要，也是组织存在的基础。同时笔者观察到，有些管理者对员工的表现、能力及潜力的觉察和发挥不够，当笔者问到，你认为你团队中某个成员的优势是什么时，他们只能讲出该员工在哪些方面做得不错，归纳优势就不太容易了。

匹配员工优势需要管理者／内部教练在工作中观察员工的优势，花时间与员工沟通，了解员工的想法，对自己团队中员工的能力和潜力有所盘点，当有机会时，就更容易给出建议了。内部教练也需要对组织的信息及发展的需要更加敏感，主动有意识地了解并辅导员工的发展方向。

注重员工关键优势与组织需求的匹配是确保高效职业管理的关键因素。管理者参考以下方式：

（1）发起对话，鼓励员工探索个人优势及个人兴趣在哪些方面与团队/组织需要存在匹配。

（2）从人才管理的视角出发，主动了解组织现在及未来战略发展对人员提出的需求，不仅局限于本部门。

（3）与员工分享探讨组织的现实需求及未来部门及组织的发展需求信息。

（4）针对员工对内部机会的看法，坦诚直接地表达意见和看法，鼓励员工从其他权威人士那里征求反馈意见。

（5）鼓励员工从长远角度看待职业管理，并思考为了实现个人长远目标，需在当前组织结构内采取的短期步骤和行动。

案例三

Leo 产品团队中有一位员工性格外向，很愿意与不同部门的员工打交道，与同事相处融洽，且具备较为丰富的产品知识。这位员工也曾经表示，希望能够做一些更前端的事情，与客户更多地接触。你最近了解到公司计划在未来几年中不断扩大发展销售团队。

辅导策略参考：

（1）主动发起与员工的发展谈话，听取员工对当前工作的感受及未来的希望和诉求；

（2）与员工共同探讨其优势及兴趣领域；

（3）给予反馈与认可（人际能力及丰富的产品知识等）；

（4）分享组织未来可能的机会（未来几年扩大发展销售团队）；

（5）双方共识员工未来发展的选项及其意愿；

（6）明确选项需要的能力及成功要素：盘点优势；盘点发展领域；制订行动计划；提升相关能力；人际网络，提升品牌声誉；面试申请等。

（7）表示支持其发展的愿望。

三、支持员工职业发展

员工的期望和诉求，有时可能与上级经理当前看重的业务目标有些冲突，例如，一个骨干员工可能想增加一些不同职责，或未来想换一个部门，有些经理人会感觉到如果支持员工的诉求，可能会让部门失去一个培养许久的人才，影响到部门的业绩。看起来经理的想法也没错，进一步想想，如果不予支持和重视，短期和长期会带来什么影响？

员工的积极性会受到什么影响？

该员工对他人／团队的士气带来什么影响？

员工会长期留在团队吗？

该员工及其他团队成员对上级经理的评价是什么？对经理的职业发展带来什么影响？

对团队的绩效带来什么影响？

作为组织的管理者，支持辅导下属的发展，发挥其优势和潜能已属其天职。而一个管理者的职业发展也取决于是否有能力培养人才，是否有胸怀成就人才。

为帮助员工实现目标，经理作为教练需要为员工提供指导、激励和支持，并帮助员工将主要精力放在实现目标所采取的一些实际行动上。当然，教练还需要帮助员工判断目标是否切合实际或是否异常艰难，并帮助员工明确自身为了实现目标所需付出的努力。管理者还需给员工提出反馈意见，确保员工理解实现目标的可能性有多大——"现实的检验"，让员工自行选择调整目标或制定更加实际的短期目标。通过使用这一方法，员工可能会给你带来惊喜，实现你（或他们自己）原本认为难以企及的目标。以下方式可供参考：

当员工请求职业对话时，为员工的发展贡献你的时间和精力，或主动发起与员工的对话；

提供组织视角（现实的检验），鼓励员工从组织横向角度和纵向角度分析自身职业发展；

识别员工可能忽略的机会，为员工提供辅导，确保员工的目标具有现实性和可实现性；

鼓励员工努力执行发展计划，对员工所取得的成就表示肯定和赞赏；

在部门／组织内部，为员工创造成长机会和学习机会。

案例四

Sandra 在 HR 部门工作 3 年了，一直负责招聘工作，表现很出色。上周她提出未来希望做一些关于学习发展方面的工作，来更加广泛地发展人事部门其他领域的相关技能。这对她未来的职业发展非常重要。

教练策略参考：

（1）认可鼓励：认可 Sandra 积极学习，为自己职业发展负责任的态度和意识；表示支持的态度及行动；

（2）进一步澄清目标：

探索员工的兴趣和价值观；

从事培训工作对她的重要性和意义？

还有哪些可能选项对她的发展是重要的？

（3）分享组织信息，探讨现实性的方案：

学习发展部门的责任，需要给组织现在和未来带来的价值是什么？

对该部门人员的能力要求是什么？

未来有哪些新的需求？

探索 Sandra 希望提供价值领域的是什么？

（4）探索员工的能力优势：

Sandra 的能力优势是什么？

Sandra 需要提升的关键领域是什么？

（5）探索提升的方法和策略（Education，Exposure，Experience）：

有哪些方式帮助提升？现实性和有效性如何？短期的？长期的？

明确学习策略和方式：

参加培训；

向他人学习；

给予实践的机会。

（6）明确具体行动：

确认具体行动计划（时间，方式）；

需要的资源，提供支持等。

职业发展
常见问题

一、我对目前的工作不是很喜欢，好像也很难找到特别喜欢的工作

当一个人感觉对自己所从事的工作兴趣不高时，可能原因有很多，比如：

工作内容不是我擅长的，与自己的天赋特长不太符合，没有成就感，得不到他人认可；

工作太累，没有自由时间，让自己感觉疲倦没有兴趣；

与自己的价值观不太符合，认为所做的事情没有意义；

工作内容变化不大，不断重复没有成长，感觉兴趣下降；

外部的回报与个人的期待有很大差距；

与同事关系及与利益关系人的关系不好；

自己对工作本身的观念等。

当感觉对自己的工作兴趣下降时，先探索一下可能的原因，自己真正在乎和想要的是什么？了解自己的兴趣和价值观。在职业发展过程中，有意识地基于自身的驱动力来选择新任务或新工作会增加一个人的职业满意感。同时职业专家分享说，没有一项工作在任何时候都会让人快乐，如果总体而言，大部分时间都有意思，有一定程度的成就感，那即是一种"幸运"。有一位非常以自己的工作为骄傲并全情投入的大学校长、中科院院士，在回答青年学者关于职业兴趣的问题时说，"我一开始也不知道自己的兴趣，只是感觉在这个专业方面需要努力学习，深入研究，后来取得了一些成就，就越来越对这个专业感兴趣了"。工作过程会给人带来快乐，更重要的是工作成果应该能够带来快乐，因为工作成效是快乐的源泉。当我们做自己想做的事情时，有时需要先做一些应该做的事情，特别是刚入职场的人员，很多优秀的人士都是，做他们不一定当下喜欢做的事情，但可以帮助他们完成心愿。如果不了解自己的心愿和未来的目标，当下的情绪可能会左右自己的选择。每一项工作都存在让人不快乐的因素，如乐队指挥，同一首曲子指挥了100多次，感觉会怎样？当一个人从事同样的工作时间长时，可能兴趣下降，感到工作欠缺成就感，进入倦怠期。因此及时觉察自己的状态，主动调整改变将有助于保持持续的工作热情。

下面的问题可参考反思：

在当前的工作内容中，哪些是我最不喜欢的？哪些是相对有兴趣的？哪些是让我有成就感的？

我对自己的兴趣了解程度怎样？

我最喜欢做什么样的事情／工作？

我的优势是什么？最擅长做什么？当我做最擅长的事情时，感受是什么？

我感觉很难找到喜欢的工作，指的是什么？我做过哪些尝试？

当我想尝试做自己更感兴趣的事情时，我采取了什么行动？障碍是什么？

回顾一个我敬佩的职场人士，我认为他的职业发展很成功，也在做自己感兴趣且有成就感的事情，他是如何做到的？

我从他的经历中学到了什么？

我下面愿意做什么尝试？

我需要什么支持？

二、进入职业倦怠后怎么办

职业倦怠成为不少职场人士面临的困惑，表现为工作没有干劲、疲惫、被动、抱怨等现象，可能是由于长期工作负重，或人际压力，或缺乏成就感。*Doom Loop* 一书中提到，几乎每一个职场人士在职业发展的旅程中不同程度会遇到热情下降，职业倦怠。书中提供了一个矩阵工具（图附 -1）让我们了解，觉察自己所处的阶段和状态，并采取相应的策略和行动。

图附 -1　矩阵工具

从上图看到，一个人的职业状态在不同的象限，感受是不同的。第一象限，当开始接受喜欢的任务或角色时，可能能力不足，不太擅长，感受到挑战和紧张，通过能力的提升和经验的积累，逐渐擅长此工作了，作出些成就并获得一定的认可，进入了第二象限，个人感受开心并有满足感。当不断重复做一个任务或事情时，就可能进入第三象限，感受到无聊和困惑。这并不是你感兴趣的工作领域或事情变了，而是感觉没有成就感了。Charles 强调，一个人感受到从第二象限走向第三象限的时候，恰恰是提醒自己需要采取行动的时刻，重燃自己的热情。

以下方式是笔者基于观察总结的可能选择：

（1）放松自己：感觉倦怠有可能是长期超负荷工作或在人际关系方

面遇到冲突等，特别是年轻人，可以考虑找到适合自己的放松方式，如，休假或约束自己的工作时间等。我曾经有一位入职一年半的同事，工作非常积极努力，勤奋肯干，总是很有成效地完成安排的任务。她经常与我分享，很喜欢这份工作，能学到东西，也感觉到工作有成就感，同事对她给予较高的评价。有一天，听到她说有辞去之意，对工作没有以前那么有干劲了，我感觉很惊讶，她明明喜欢所干的事情，为什么想辞职呢？我建议她先不做决定，不管多忙，安排好工作后休一周的假，让自己放松一下，回来后再决定。休假回来后，她不想离开了，又开心地投入工作中去了。

（2）增强自我觉察和认知，设立新的目标：当一个人感觉到自己的现状与意识到的个人期望有差距时，就会产生希望提升的动力；有时我们感觉当下的工作已经轻车熟路了，没有学习成长的空间，真的是这样吗？还有哪些潜力可以挖掘呢？可参考以下问题自我反思：

我当前的工作任务做得怎样？我自己满意程度如何？

我的主管或组织认为我当前的工作做得怎样？他们的满意程度如何？

还有哪些方面可以提升改进达成我期望的更好结果？

当前角色上，我的榜样／标杆是谁？我与他的差距有哪些？

在当前任务上，我如何更好发挥我的优势以产生更好／创新的结果？

（3）主动寻找新任务／挑战，扩展工作内容：马斯洛认为人在成长的过程中，牵涉自我与环境的不断配合协调，即"内在需求"与"外在需求"的一致，"我想要"与"我必须"之间的协调过程。当一个人走向第三象限时，在当前的角色或任务方面一定非常胜任，工作挑战性不大，会有一些时间或精力从事一些不同的，给组织或团队增加价值同时又是自己愿意做的事情。这恰恰是一个人进一步协调／整合自己与组织需求的契机。每一个有成就的职场人士都开始于另一个人，如一个公司的总经理，开始于工程师、生产线或销售一线人员等，这些人擅长于自内而外地改变自己，拥有积极的力量和主动精神，他们发现自己的优势天赋并利用其满足他人／组织的需求，人们注意到了就给予其更多的责任。他们的内在动力来源于他们找到自己的心声，了解、理解周围的需求和机遇，运用自己的才能和资源满足需求。

在笔者的辅导经历中，很多人在寻找新任务时感到无力，他们知道方法，但可实施性不高，感觉在公司轮岗或做新任务机会不多。这需要系统性地采取一些行动，比如，组织需要更灵活的移动制度、主管的关注和支持员工的发展等。而员工本人的主动驱动也是帮助自己获得可能机会的重要途径：

寻找新任务时，从满足组织／团队需求的角度出发并整合个人需求将更容易，员工和主管都可能会拓展思路和视野，找到新的机会点。如果员工只从个人的需求出发，主管又欠缺帮助员工整合个人需求和组织需求的能力，会限制员工进一步拓展新任务的可能性。

（4）寻找并感受工作的意义：工作意义本身就是人类行动的重要驱动力之一，也是较为持久的动力。有时我们可能感受不明显，特别是在钱作为主要的激励措施的环境中。Facebook 的创始人马克·扎克伯格说，Facebook 开始不是要建立一家公司，是在完成一个任务，"让世界更开放，连接更紧密"。如果员工只挣扎在生存问题上，就不知道工作任务到底意味着什么，每个人内心都有一种与生俱来的、呼之欲出的愿望，它隐藏在我们的身份和自尊下面，它使我们了解到自己是被需要的。作为领导和教练需要帮助人们发现自己的声音：

有效完成你的工作会给组织目标实现带来的价值是什么？

有效承担你的角色责任，给客户带来的价值是什么？

你愿意为他人／环境创造些什么？

在你的职业生涯中，你愿意为组织／社会留下些什么？

总之，当你有职业倦怠的感受时，了解自己的状态，反思自己的期望，盘点自己的选择，定位自己的行动。

三、在快速变化的组织环境中如何有效规划个人职业发展策略

很多人问我，职业发展要定目标、发展计划等，而现在我们的组织变化太快，有的业务部门在缩减，有的新增业务板块，领导的离职，这让我们原来定好的计划无法执行，原来希望专注的业务领域可能也没有机会了，在这种情况下，如何规划个人的职业发展？笔者有以下看法。

首先要了解一个人的职业发展原则和成功要素，如前所述，个人与组织需要结合的要素，GROWUP 发展策略等。这是一个人职业发展需要考虑的核心原则。这些原则并不随环境的变化而变化。然而每一个要素又是动态的，是发展变化的，个人能力优势的成长，客户和组织对员工的能力要求也在不断变化，尤其在变化的组织环境中。规划个人职业发展时首先看看变化的环境对职业发展的主要影响：如组织业务模式的变换，某个业务板块缩减或被取消，带来对该领域人员的需求减少，可能影响到该领域专业人员的专业优势不能延续。某些业务板块增加，相关专业人员需求增加，为了更好满足客户的需求，对人员的能力提出了新的要求。在组织中，为了适应市场的变化，对员工的快速适应、学习，创新能力要求提高了。

在这种情况下，员工的职业发展规划需要不断找到个人与组织的交集，在个人发展策略上明晰重点：

（1）主动驱动：更为主动地思考、规划个人的发展，而不是依赖，更为主动了解组织的变化，对员工提出了哪些新的需求？自己的能力优势能够满足哪些需求？行业发展趋势？不断地提升自己的可雇佣性。

（2）调整自己目标和发展计划，一个人的目标是要整合个人需求和环境需求，个人能力优势和组织对员工的需要的协调一致，当其中某些因素变化时，目标和发展计划也需要主动及时调整，灵活应变是关键。如果在变化的环境中还执着于过去制定的目标和计划，可能感觉到失望和无奈，当主动调整时，就会发现新的机会和惊喜。

（3）拥抱变化，提升好奇心，有勇气尝试新的不那么讨厌的事情或领

域，发现"可能的自我"。一方面拓展自己的事业发展领域，另一方面挖掘自己的潜力和优势，让自己未来的职业发展之路更宽、更广。

四、新生代的职业发展策略

新生代的职业发展及辅导也是现在组织关心的话题，前面也提到，新生代将是我们劳动力市场的主要力量，他们拥有独特的优势、活力和风格，环境塑造了他们，他们也将塑造环境。考虑新生代的职业发展，笔者认为同样要遵循职业发展的原则、规律和成功要素，如个人与组织需求不断整合协调的原则，同时了解新生代的一些特殊的优势及特点，如何更好地展现他们的优势和潜力，这对组织和个人发展都是非常关键的。据调研总结，新生代相对其他年代人员具有较为明显的特点：

学习和适应能力较强，有创新精神，喜欢挑战；

由于经验不足，职业规划欠清晰，甚至迷茫，对未来择业有更多盲目性，情绪控制能力相对较弱；

更善于运用高科技工具解决问题；

相对其他年代的从业人员安全感更强，更重视个人的感受，认可和激励将更为重要；

工作希望体现价值，更在乎工作的意义，容易厌倦循规蹈矩的工作；更希望平等尊重，不会无条件地服从，挑战权威。

新生代与过去时代的员工在行为风格、优势特点甚至价值取向方面会有所差异，这些差异有些可能是由于年龄因素，或由于互联网科技的快速发展，或经济生活水平提高及教育等因素。这样的特点和需求的不同给习惯于传统管理方式的组织和管理者们提出了新的挑战。因此，建议在以下方面进一步强化：

1.组织的角度

从人才发展文化、结构及体系方面调整来帮助新生代更有效地发挥他们的优势，提升他们的积极性和投入度。

（1）**增加职业的移动性（Career Mobility）**：创建组织更灵活的文化和机制，使人员在不同岗位、角色、部门移动更为可能。员工根据自己的能力和经验及组织的需要，可在内部申请更能发挥自己优势的职位或角色，人才在内部更加流动起来。虽然现在有些组织也鼓励员工内部申请，但实施的程度有限，申请者和目标岗位的管理者在意识方面不够主动，欠缺开放灵活，限制了员工在内部的发展。可在以下方面进一步强化并形成文化：

根据组织发展需要，提供新的岗位、任务选择、能力要求及申请的流程；

不断公开分享公司的机会（项目、任务）和能力要求；

鼓励员工主动申请；

提供内部辅导和教练帮助员工提升能力和信心，促进转移成功并对新的角色和任务适应，取得成绩；

分享组织中职业发展的榜样和标杆。提升新生代满意度不仅是满足其需求，更要引领其需要。帮助对方扩展视野，领悟职业发展的规律和成功要素。

（2）**更灵活的工作模式**

灵活的工作模式，如全职、兼职等，这些模式更好地吸引新生代的热情和投入。

绩效管理方面：OKR（Objective Key Result）的方式而不是KPI将被更多的组织尝试，以目标为导向的管理方式为员工提供更大的空间和自由度，也会增强员工的责任感。

准备好员工的职业变化：预测并理解员工可能由于个人的原因会中断一段时间，如充电、家事等，理解认可这种现状并开放地提供帮助，他们将来可能回来，让这种开放的方式形成文化。同时组织在相应人才的储备和发展上有更多的预见性。

2. 管理者的角度

管理者在管理意识、管理思维及能力风格方面进行调整来更好地发挥新生代的力量。首先，面对现实，新生代的确与过去的员工或自己的想法做法可能不同。在新的情况下，为了更好地达成期望的结果，思考并采取行动。

他具有哪些对组织目标有价值的优势能力？他们的行为风格与过去有什么不同？

什么样的方式能更好激励他们呢？

什么样的方式能更好地发挥他们的优势呢？

我的管理风格需要做 1~3 点调整或需要改变的是什么呢？

为了更好地发挥他们的优势，帮助他们的职业发展，他们需要做出 1~3 点调整改变是什么呢？

我做些什么可以帮助他们改变成长呢？

在管理者的行为风格方面，成为他们的教练和导师而不仅仅是上级领导更为重要。古人讲领导要做"君，亲，师"。管理者需要在人员管理理念、行为方式上有所突破：

识人："人得其位，事得其人"完全匹配不一定可能，但可以不断地追求接近，激发热情，挖掘潜力。领导者具有人才发展的意识，愿意花时间与员工沟通，周期性地与他们谈话，了解他们的想法，倾听他们的声音，发现他们的优势、问题，关心重视并提供认可。

用人：更多地尊重、沟通和认可。沟通的目的不完全是要了解员工，更重要的是真正地关注、关心员工，让员工感觉到被重视。有意识地发挥他们的优势，领导更像伙伴，发挥其影响力而不是权威的力量，主动寻找机会或授予更多责任和权力，展现他们的优势。同时通过沟通让员工理解感受到工作的价值和意义（Purpose）。

育人：真诚用心地支持帮助员工进行职业规划，让工作不仅成为生活的保障，同时也是生活的追求，引导员工关注工作内容、企业发展，降低择业的盲目性，指引对方形成双赢的目标。

3. 员工（新生代）的角度

（1）树立更理性的工作价值观。

从更长远的角度看自己的发展，任何发展和成就多需要积累和付出。短期努力未必一定有让自己满意的成就，积累成就未来的资本可能更重要。常言说，"天道酬勤，地道酬善，人道酬诚，商道酬信，业道酬精"。

个人的目标一定离不开环境，世界中你的每一个行为都与他人有关系，当你涉及别人时，自由与责任就同时出现了，每一种自由都需要遵守背后的责任。我们虽有选择的自由，但却要承担选择带来的结果。因此，在工作环境中，主动了解组织和别人的需要和期望，从而发挥自己的优势能力满足需求和期望，才能更好地实现自己的目标。古人讲"不患无位，患所以立，不患莫己之，求为可知也"。

管理自己的情绪：感受和情绪也是我们做出职业选择的因素，同时更要加入理性的因素，问问自己：

我喜欢这个工作吗？它对我积累能力有帮助吗？

现在对我而言重要的是什么？

未来 1~3 年对我来说重要的是什么？

我现在的选择对我带来的好处是什么？

现在的选择对我未来职业发展带来的影响是什么？

怎样的选择对我的职业发展是最有帮助的？

（2）主动寻找机会发挥自己的优势。

建立个人的可信度 / 声誉。对于我们相对年轻的成员，其经验、阅历相对不够丰富，在团队组织中的可信度和声誉需要不断地建立，才可能有更多的机会。而开始工作时任务的复杂度可能不高，很多是常规工作，这恰恰是建立自己声誉的时机，将每一件分内之事做好，从中积累自己的能力和个人品质，这也是职业发展初期成功的基石。

同时也要抓住机会，展现自己的优势，虽然经验不足，但有一些独特的优势，比如，学习速度快、灵活，高科技领悟运用能力强，独立想法多，等等，在团队或任务上主动思考：

> 我的关键优势是什么？

> 运用我的优势如何对项目或任务做出贡献？

> 如何做出我的最大贡献可以帮助任务／项目有所不同？

> 在过程中我要向他人学习什么？

（3）主动规划自己的职业目标。

主动思考自己的目标和志向，同时又不执着目标，多尝试，尝试后反思了解自己的兴趣爱好，利用可能抓住的机会提升自己的能力，不断明确自己期望的发展领域。

成为某个领域有核心专长的人员，形成自身的竞争力，并不断从整体考虑，对全局的贡献，发展通用能力，如何更好地通过协作达成目标。

五、中年人职业发展

在笔者的教练及工作坊中，经常被问到，中年员工特别是 40 岁以上的员工或管理者如何发展规划个人的职业？这个年龄段的人员，多有丰富的经验，在组织中不同职能承担着重要的角色。而四十不惑的阶段，却对个人的未来有着不确定和茫然。他们了解职业发展的原则和方法，心中却有着疑虑和担忧。

笔者：相信你有自己的经验和判断，为什么会提出这个问题呢？你有什么困惑或担忧？

他会分享：

> 在目前的岗位上已是管理角色，但遇到天花板，看不到未来有可能承担更高职位的机会。

> 年龄不具有优势，很多年轻人进入职场，发展成长快。

> 虽然我们有经验，但年轻人学习快，有些岗位通过历练一段时间也能承担，中年人在某些岗位上已不具有核心优势，可能被取代，很有危机感。

我们在岗位／角色上已工作多年，形成自己的专业和经验，转换行业有难度也欠缺勇气。

希望应聘新的公司，机会也相对较少，很多公司希望年轻一些的，甚至期望 35 岁以内，有互联网思维，这直接把我们拒之门外了。

笔者：听起来，既对未来发展欠缺信心，又对当前的工作感到危机。如果现在有一个既明智又有效的方式来帮助你规划自己未来的职业发展，你希望它对你有什么样的帮助呢？

对方回答：

帮助我对自己及自己的未来更有信心；

帮我看未来可能的方向和选择；更清晰下一步怎么走；让我感到更轻松，对未来不那么担忧；

帮我更好地平衡好家庭和工作，家庭的其他角色也很重要。

笔者：基于对职业发展成功要素和原则方法的了解，让我们通过头脑风暴共创一些有效的方式。

他们回答：

盘点自己的优势，年龄上不具优势，但多年积累的能力、经验、人脉等，这是年轻人相对欠缺的。这些优势需要长期积累，不易取代。在岗位上有意识多运用自己的优势，创造独特的价值。如带领新人，与关键客户和利益相关方的关系等。

基于对自己当前角色岗位的了解和热情，主动了解组织战略发展，行业新的发展趋势，对人才需要的能力，积极学习，运用自己的优势在新的趋势下贡献价值。

对新事物、新科技采取开放的态度，积极学习精进，主动交流，与社会同步，以免落伍。

制定新的、让自己有满足感的目标，多年的能力和经验积累，可以拥有更多人脉资源及选择，如现在岗位继续发展；组织内其他部门；其他公司可以发挥个人优势的环境；成为组织顾问；合伙创业。

职位晋升是一种选择，在人生的这个阶段，更要全面地考虑个人的发展，将其他维度如家庭、健康、个人的满足感等纳入发展规划，毕竟职业是生活的一部分，生活的幸福满足感更为重要。

做好当下的事情，更要利用现在的环境和舞台，为下一步的目标积极准备。我遇到一个咨询公司的总经理，谈到职业发展时，他说，"我们现在重要的想法和做法是要为我们退休后做准备，当退休时，还有人愿意聘你，让你有机会运用自己的优势能力做出贡献"。我们在职业发展的任何阶段，又何尝不是如此呢？主动准备自己，在任何变化发生的时候，更有可能获得机会和舞台。

学会放下，放下不是失去，在不同的阶段，对我们重要的东西也会不同，放下过去认为非常重要的东西，拿起现阶段对我们更加重要、更加美好的东西。从人生的长河角度盘点一下，要放下什么？拿起什么？会让自己感觉到有成就感和满足感。

不论新生代还是中年人的职业发展，首先抓住原则和规律，然后再看其特殊性。从笔者的观察发现，一个人的职业发展随着个人的不同发展阶段、价值观、天赋能力、经验和环境的不同而各不相同，综观事业有成的人士，有目标清晰的，也有摸着石头过河的，有从事管理的，也有从事专业的，有从事大学所学专业的，也有转行的，有一直在一家公司的，也有转换不同组织的，而不管变化是什么，事业发展相对成功，个人满足感较强的人都在遵循一些普遍的规律：

勤奋，好学，有韧性，不轻言放弃；

愿意挑战现状，迈出舒适圈，进入新领域；

有支持者相助或主动找到帮助自己成长的人；

在自己感兴趣的领域或能力上不断精进，超越自我；

有意识地了解环境、行业、组织、他人的需要，不断学习准备自己，抓住可能带来贡献的机会点；

利用机会、任务提升自己的能力，在希望提高的领域，不断弥补不足，如经验、视野，能力等。

不管是环境的变化、挑战或不确定性，职业发展和管理的原则和规律没有变。对环境信息的了解、洞察、设定目标、反馈等方式对一个人职业发展的任何阶段都是不可或缺的。以不变应万变，不变的是原则和规律，领悟事物的原则和规律，在环境中灵活地运用。《职业生涯管理》一书中总结到关于职业管理的洞见。

（1）有效的职业管理一定需要个人主动驱动，这是基于一个人相信自己的努力可以影响自己的生活和职业的信念。主动反思自己内心的声音和目标，获取他人真实的反馈，不断整合自己与环境的需求。

（2）检视自己工作与生活的关系，职业发展是基于一个人的人生目标，职业方面的目标和成就会影响一个人的家庭及生活方面，考虑双方的平衡也是职业管理的目标。

（3）一个人需要避免按照他人对成功的定义来规划个人的职业发展。现实中有很多人选择某个职业是为了他人的满意，如父母、教授、老板等，或别人认为应该如何。而一个人真正的满足感和幸福感是依赖自己的价值和渴望。我们生活在社会环境中，对他人／组织的贡献，奉献、承诺及做出个人妥协是必要的，而一味满足他人的需求牺牲个人为代价会影响到一个人真正的幸福感。在职业管理过程，关注了解他人／组织需求，取得双方能够接受的共赢策略更是明智的上策。

（4）一个人要对个人的能力发展负责。确保自己拥有具有竞争力的核心能力，这些综合能力是可以迁移到其他的情境或组织中，以便需要时可以在不同的岗位或组织中运用。因此一个人投资持续学习将非常关键，在人生路上不断学习确保与时俱进。

职业发展管理不只是为了升官、成为精英或成为企业家，职业管理对每个人来说是提升其生活品质。职业管理是个人化的过程，依赖于个人对自己及环境的洞见。

也祝愿每一位职场人士在自己的职业旅程中能够展现自己的才华，绽放自己内心的光明！

参考文献

[1] 亚伯拉罕·马斯洛. 动机与人格 [M]. 3版. 许金声, 程朝翔, 译. 北京: 中国人民大学出版社, 2012.

[2] 约翰 P 科特, 丹 S 科恩. 变革之心 [M]. 珍藏版. 刘祥亚, 译. 北京: 机械工业出版社, 2013.

[3] 王阳明. 传习录 [M]. 北京: 北京联合出版公司, 2017.

[4] 秦家懿. 王阳明 [M]. 北京: 生活·读书·新知三联书店, 2017.

[5] 史蒂芬 M R 柯维, 丽贝卡 R 梅丽尔. 信任的速度 [M]. 王新鸿, 译. 北京: 中国青年出版社, 2011.

[6] 道格拉斯·斯通, 布鲁斯·佩顿, 希拉·汉. 高难度谈话 [M]. 王甜甜, 译. 北京: 中国城市出版社, 2011.

[7] 奥托·夏莫. U型理论 [M]. 邱昭良, 王庆娟, 译. 北京: 中国人民大学出版社, 2011.

[8] 中土井. U型理论实践版——根本解决人和组织的复杂问题 [M]. 直子, 王

培杰，顾丽君，译．北京：电子工业出版社，2017．

[9] 罗伯特·迪尔茨．从教练到唤醒者［M］．黄学焦，李康诚，译．郑州：河南人民出版社，2009．

[10] 约翰·惠特默．高绩效教练［M］．林菲，徐中，译．北京：机械工业出版社，2013．

[11] 戴维 B 德雷克，黛安娜·布伦南，金·戈尔茨．教练式管理［M］．黄学焦，王之波，译．北京：北京大学出版社，2013．

[12] 帕特里克·兰西奥尼．克服团队协作的五种障碍：经理人、培训师的实用指南［M］．凌丽君，译．北京：电子工业出版社，2011．

[13] 查理·佩勒林．4D卓越团队：美国宇航局就是这样管理的［M］．李雪柏，译．北京：中华工商联合出版社，2012．

[14] 克里斯·麦克切斯尼，肖恩·柯维，吉姆·霍林．高效能人士执行4原则［M］．张尧然，杨颖玥，译．北京：中国青年出版社，2013．

[15] 史蒂芬·柯维．第3选择［M］．姜雪影,译.台北：远见天下文化出版有限公司，2013．

[16] 彼得·圣吉．第五项修炼：学习型组织的艺术与实务［M］．郭进隆，译．上海：上海三联书店，2002．

[17] 杰弗里 H 格林豪斯，杰勒德 A 卡拉南，维罗妮卡 M 戈德谢克．职业生涯管理［M］．3版．王伟，译．北京：清华大学出版社，2003．

[18] 格里·约翰逊，凯万·斯科尔斯．战略管理［M］．王军，等，译．北京：人民邮电出版社，2004．

[19] 利兹·霍尔．正念教练［M］．李娜，译．北京：机械工业出版社，2016．

[20] 大卫 R 霍金斯．意念力：激发你的潜在力量［M］．李楠，译．北京：中国城市出版社，2012．

[21] 泰利·李．突破型领导力：领导者如何发掘下属的潜力［M］．王玉，孙卫，译．北京：人民邮电出版社，2013．

[22] 维吉·布洛克．教练技术：教练学演变全鉴［M］．梁立邦，译．北京：北京联合出版公司，2016．

[23] 亨利·吉姆斯－霍斯，凯伦·吉姆斯－霍斯，菲利普·桑达尔. 共创式教练：
转变思维，蜕变人生 [M]. 3 版. 王宇，译. 北京：电子工业出版社，2014.

[24] 黄惠惠. 团队辅导工作概论 [M]. 四川：四川大学出版社，2006.

[25] 史蒂芬·柯维，珍妮弗·柯洛西莫. 伟大的工作,伟大的事业 [M]. 王权,肖静,
王正林，译. 北京：中国青年出版社，2010.

[26] Timothy G W. The Inner Game of Work: Focus, Learning, Pleasure and Mobility in
the Workplace [M]. London, Random House Publishing Group, 2001.

[27] Megginson D, Clutterbuck D. Techniques for Coaching and Mentoring [M].
Techniques for Coaching and Mentoring, 2005：42-43.

[28] Atkinson M. Step-by-Step Coaching [M]. Exalon Publishing Limited, 2007.

[29] Atkinson M，Chois R T. The Art & Science of Coaching：Inner Dynamics of
Coaching [M]. Exalon Publishing Limited，2007.

[30] Peterson D B, Hicks M D. Peterson & Mary Dee Hicks. Leader As Coach:
Strategies for Coaching & Developing Others [M]. USA：Personal Decision
International Corporation, 1996.

[31] Landsberg M. The Tao Of Coaching：Boost Your Effectiveness at Work by
Inspiring and Developing Those Around You [M]. London：Harper Collins
Business, An imprint of Harper Collins Publishers, 1997.